KB123115

행복 시소

상담학 박사 이병준의
한 끗 차이 행복론

내 영혼의 멘토와 함께 타는

행복 시소

이병준 지음

파톤치드

행복은
사소하고
소소한 것에 있다

한강의 기적을 이룬 나라가 이제 한탄을 말하는 나라가 되었습니다. 이 나라엔 행복하지 않은 사람들, 무기력의 늪에 빠져서 뭘 어떻게 할지도 모르고, 생각하는 기능이나 활력을 찾는 방법이나 신명 나게 살아가는 방법은커녕 신명 나는 삶이 있다는 것조차 모른 채 사는 사람이 많습니다.

왜 행복하지 못할까요?

왜 무기력할까요?

생존(앎)을 위한 교육만 받았지 관계(삶)를 위한 교육을 받지 못해서입니다. 똑똑해지긴 했는데 어떻게 살아야 할지에 대한 물음 앞에선 벙어리가 되었고 더 단순해지고 획일화되었습니다. 아이들은 죄다 한 공장에서 찍어낸 제품 같고, 어른들은 패배 의식에 차있거나 무기력에 찌들어 있습니다. 인간이 살아가는 데 꼭 필요한 세 요소는 행복, 관계, 성공입니다. 이 세 가지는 서로 연결되어 있습니다. 행복한 사람은 성공할 가능성이 높고 성공한 사람은 행복의 조건을 갖추었습니다. 관계가 좋은 사람은 행복하고 성공의 궁극적인 목적은 행복한 관계를 위해서입니다.

그렇다면 세 요소는 어떻게 다를까요?

첫째, 행복은 시소 원리가 적용되는 패러독스입니다. 시시하고 소소한 것에서 누구나 쉽게 찾을 수 있는 주관적 만족감입니다. 시소의 한쪽은 기준이고 반대쪽은 행복입니다. 기준을 낮추면 행복이 높아지고 기준을 높이면 행복이 낮아집니다. 행복하다고 느낀다면 기준이 적다는 뜻이고 불행하다고 느낀다면 기준이 많다는 뜻입니다. 그래서 기준이라는 게 없는 아기들은 언제나 행복하고, 기준이 많은 어른은 행복하지 않습니다. 행복의 기술은 낮추기에 있습니다.

둘째, 관계는 마음과 마음이 통하는 수평적 교류입니다. 사회적 동물인 인간은 관계를 잃으면 전부를 잃습니다. 태도를 바꾸는 일도 성공을 추구하는 것도 궁극적으로 관계를 위해서입니다. 관계의 핵심은 사랑에 있고 그 기술은 맞추기에 있습니다.

셋째, 성공하려면 자신의 수준을 높여야 합니다. 저는 우울감에 젖은 청년기를 보냈고, 작심삼일의 교과서쯤 되는 인물로 살았습니다. 불굴의 의지로 고난과 역경을 이겨낸 사람들의 성공 사례는 용기 대신 좌절을 주었습니다. 저들과 다르다는 자기 비하가 문제였습니다. 제 수준을 높이니 거기에 맞는 삶을 추구할 수 있었습니다.

우리는 그동안 낮추고, 맞추고, 높이겠다는 결심을 수없이 했지만 번번이 실패했습니다. 가장 큰 이유는 작심삼일 때문입니다. 그러나 이제부터는 작심삼일도 달리 생각해 봅시다. 작심삼일이란 결심 후 그 마음이 3일은 간다는 말이니 1년에 대략 100번만 또 작심하면 됩니다. 다만 또 작심하는 일을 도와줄 엄하면서도 자상한 지혜자(멘토, 스승, 아버지)의 목소리가 필요합니다. 이 책이 그 역할을 하고 싶습니다.

애써 독서 시간을 정하지 마십시오. 잠깐이면 됩니다. 화장실에서 읽으면 쾌변에 좋고, 버스나 지하철을 기다리거나 한두 정거장 이동할 때 읽으면 지루할 틈이 없어 좋습니다. 커피 타임에 읽으면 교양인처럼 폼이 나서 좋고, 매일 아침 눈뜨자마자 읽으면 삶의 에너지를 충전하게 되니 좋습니다.

단, 정말 성공하고 싶고 행복하게 살고 싶다면 읽는 3분으로 끝내지 말고 반드시 글로 적는 작업을 추가하십시오. '적자(write) 생존! 적자 성공!'입니다. 이 책에 실린 꼭지들은 행복과 성공으로 안내하는 스프링보드(springboard)입니다. 스프링보드란 글쓰기를 통한 심리 치료(journal therapy) 용어로, 내담자의 생각과 느낌 표현을 이끌어내게 도와주는 첫 문장입니다. 한 꼭지를 읽은 후 자신의 느낌과 다짐을 글로 옮겨 적는 동안 자가 치유(self healing)가 이뤄집니다. 그 느낌과 다짐을 SNS를 통해 지인들과 공유하면 더 큰 시너지 효과를 얻습니다. 제목만으로도 각인될 의미를 담았으니 바쁜 날은 제목만 읽어도 좋습니다.

파란(破卵) 리본(Re-Born)을 기대하며

이병준

낮추기 Attitude

맞추
기 Both

높이기 Confrontation

낮추기 Attitude

행복과 성공은 조건이 아니라 태도입니다. 그 태도에 따라 똑같은 조건에서도 전혀 다른 세상을 살게 됩니다. 누군가를 바꾸거나 환경을 바꾸는 일에 성공했다는 사람을 보진 못했습니다. 다만, 자신을 바꾸어 성공했다는 사람들 이야기는 적잖게 듣습니다. 자신을 바꾼다는 말은 자신이 갖고 있는 생각을 바꾼다는 뜻입니다. 그 생각을 바꾸는 작업엔 적절한 자극이 주어지면 됩니다. 자극을 받아들일 접점을 닦아놓으십시오.

자기 자신은 싸워야 할 대상이 아니라
싸매야 할 대상입니다. 험한 세상을
사느라 찢긴 상처를 치료해주지는
못할망정 다른 사람도 아닌 자신이
소금을 뿌리면 안 되지요.

1. 자신과 싸우지 말고
자신을 싸매십시오

왜 사람들은 자기 자신과 싸워 이겨야 한다고 할까요? 전투하듯 살면 행복할까요?

자기 자신은 싸워야 할 대상이 아니라 싸매야 할 대상입니다. 험한 세상을 사느라 찢긴 상처를 치료해주지는 못할망정 다른 사람도 아닌 자기 자신이 소금을 뿌리면 안 되지요.

자신과 싸운다는 말은 어떤 목표를 정해놓고 그 목표를 위해 고군분투하라는 의미입니다. 그 말에 이미 경쟁이 포함되어 있지요.

자신과의 경쟁도 필요하긴 합니다.

하지만 그보다 목표를 향해가는 과정을 목적으로 설정하십시오. 그러면 자신과 싸우지 않고 도리어 싸매며 갈 수 있을 겁니다.

2. 꼬인 인생을 풀려면
구긴 인상부터 펴십시오

'초두 효과(Primacy Effect)'라는 심리학 용어가 있습니다. 처음 입력된 정보가 나중에 습득하는 정보보다 더 강한 영향력을 발휘하는 것을 말하지요. 이 때문에 만남에서 첫인상이 중요합니다. 그래서 '첫인상의 심리학'이라고 지칭하기도 합니다.

미국 다트머스대 심리·뇌 과학자인 폴 왈렌 교수의 연구에 따르면 뇌의 편도체는 0.017초라는 짧은 순간에 상대방에 대한 호감과 신뢰 여부를 판단한다고 하지요. 첫 인상은 절대 두 번 줄 수 없습니다.

표정이 가진 힘을 연구한 흥미로운 사례가 있습니다. 만하임 대학교의 프리츠 슈트라크(Fritz Strack) 교수가 일리노이 대학교의 남녀 대학생 92명을 대상으로 한 실험입니다.

92명의 학생들에게 재미있는 만화 영화를 보게 했습니다. 한 그룹은 그냥 보게 했고 다른 한 그룹은 입술로 볼펜을 물고 보게 했습니다.

설문 조사 결과 입술로 볼펜을 문 학생들이 그냥 본 학생들보다
더 긍정적인 대답을 했습니다. 볼펜을 입술 끝으로 물면 웃을 때처
럼 안면 근육을 사용합니다. 인위적으로 근육을 움직였지만 웃는
것과 동일한 효과를 낸 것이지요.
　그러니 꼬인 인생을 풀려면 구긴 인상부터 펴야겠지요?
　낙하산과 얼굴은 펴야 살고 얼굴엔 회색이 아니라 화색이 돌아야
삽니다.

볼펜을 입술 끝으로 물면
웃을 때처럼 안면 근육을
사용합니다.
인위적으로 근육을 움직였지만
웃는 것과 동일한 효과를 낸 것이지요.

3. 터닝 포인트보다
튜닝 포인트를 잡으십시오

사람들은 어떤 결정적인 계기가 자기 삶에 운명처럼 찾아오길 기대합니다.

그런데 그런 경우가 정말 얼마나 될까요?

터닝 포인트가 찾아온다면야 좋겠지만 그보다는 지금 그대의 상황을 튜닝 포인트로 삼는 것이 더 중요합니다.

악기를 다루는 사람들이 가장 기본적으로 하는 일이 튜닝입니다. 연습이든 연주든 반드시 튜닝을 해야 하지요.

터닝 포인트는 외부에서 오는 기회지만 튜닝 포인트는 내부에서 스스로 만들어내는 기회입니다. 터닝 포인트는 튜닝 포인트를 만들지 않는 사람에겐 오지 않습니다. 아무리 좋은 악기와 재능이 있어도 배우려는 자세가 없는 사람을 가르치려는 스승은 없으니까요.

삶의 튜닝은 뭘까요? 매일의 생활 습관, 자주 만나는 사람, 그대가 지금 하고 있는 그 일, 반복하는 일상을 조율하는 것이랍니다.

삶의 튜닝은 뭘까요?

4. Something wrong?
Some Thing Long!

어떤 하나의 큰 사건이 터질 때는 전조쯤 되는 꽤 굵직굵직한 29개의 사건이 터지고, 그 이전에 아주 소소한 사건이 300번 발생한다고 합니다.

1931년 허버트 윌리엄 하인리히가 발견해서 '하인리히 법칙(Heinrich's law)'이라고 부릅니다. '1:29:300의 법칙'이라고도 부르지요.

큰일이 일어나기 전에 이미 징후가 보인다는 것인데, 그 일을 감지하고 대비하는 사람은 자신과 주변 사람들의 생명을 구하지만 그것을 모르는 사람은 자신은 물론 주변 사람들까지 위험에 빠뜨립니다.

그러니 어떤 일이 잘못되었다(something wrong) 싶으면 최대한 빨리 왜 그런가를 분석하고 대비책을 마련하십시오.

그 대비책 몇(some) 요소(thing)가 그대의 인생을 길게(long) 만들어줄 것입니다.

5. 들이켜려 하지 말고 돌이키려 해보십시오

요즘은 어떨지 모르겠는데, 예전 드라마엔 주인공이 괴로울 땐 포장마차에서 강소주를 들이켜는 장면이 많이 나왔습니다.

그런데 괴로울 때 술을 마시는 건 그다지 소용이 없습니다.

술을 마시면서 나쁜 일을 생각하다 보면 '반복의 오류'에 빠져서 감정이 폭발할 수 있거든요.

반복의 오류란 '눈덩이 이론'이라고도 합니다.

어떤 사건을 부정적으로만 생각하다 보면 어느새 그 일이 눈덩이처럼 커져 나중엔 그것을 기정사실로 받아들이게 되는 것이지요.

괴로운 일이 있으면, 글쓰기를 해 보세요. 지금의 생각과 느낌, 감정을 글로 풀어내는 겁니다. 노트가 감정의 화장실이 되는 셈이지요.

글을 쓰다 보면 감정이 정리되어 괴로운 일을 객관적 사건(fact)으로 보게 됩니다. 문제를 객관적으로 보면 그것이 외부의 문제인지, 내 문제인지를 알게 되고, 내가 무엇을 해야 할지(doing) 생각할 수 있습니다.

외부의 문제라면 수용하거나 극복해야 하고, 내 문제라면 나를 바꾸려 노력하면 됩니다.

괴롭다고 강소주 들이켤 생각 말고 그 상황에서 돌이킬 생각을 하세요.

그래야 고배를 축배로 바꿀 수 있습니다.

6. 그대가 도태된 건
태도 때문입니다

    회사에서 해고되었든 아르바이트에서 잘렸든 그것은 그대가 도태되었단 뜻입니다. 냉정히 말하면 능력이 부족했단 뜻이고요. 그런데 능력은 직무 수행 능력만을 가리키지 않습니다. 물론, 자르는 사람도 문제가 있을 겁니다. 하지만 자르는 사람에게 뭔가를 요구할 순 없잖아요?

    설령 자르는 사람에게 문제가 있어도 태도가 좋은 사람들은 도태될 위기에서도 살아남습니다. 도태되었다 하더라도 빨리 일어서지요. 미국 사우스웨스트 항공 허브 켈러허 전 회장은 "애티튜드(attitude)가 얼티튜드(altitude)를 결정한다."라고 강조했습니다.

    도태될 위기에서도 태도를 바꾸어 살아남는 것은 그대의 앱티튜드(aptitude, 수완)입니다. 성공과 행복은 외부 조건이 아닌 마음가짐에 있습니다. 그러니 태도를 바꾸십시오.

미국의 철학자이자 심리학자 윌리엄 제임스(William James)도 이렇게 말했습니다.

"인류가 발견한 최고의 깨달음은 무엇일까? 자신의 태도를 바꿈으로써 자신의 인생을 바꿀 수 있다는 것이다."

성공과 행복은
외부 조건이 아닌
마음가짐에 있습니다.

7. 시도 때도 없이
짜증내는 건 이제 자중하십시오

사람이 쉽게 짜증을 내는 이유는 무엇일까요?

첫째, 외부 상황이 그 사람을 힘들게 했다기보다 그 사람이 가진 마음의 수용 공간(container)이 너무 작아서입니다. 벅찬 감정이든 부정적 감정이든 어떤 감정이 한꺼번에 밀려올 땐, 그것을 일시적으로 담아두고 냉정한 이성을 작동시켜야 합니다. 그런데 그게 안되니까 짜증을 내는 것이지요.

둘째, 게으르고 무능해서입니다. 이런 사람들은 일을 미룰 뿐 아니라 진지하게 생각하는 것을 싫어합니다. 생각 없이 일하면 일의 효율이 떨어지니 또 짜증이 나지요.

셋째, 자기만 귀하고 주변 사람은 다 천하다고 여기기 때문입니다. 이러한 특성을 가족치료에서는 '심리적 마스코트' 또는 '어린 왕자·어린 공주'라고 합니다.

행복한 사람들은
행복을 느끼는
민감한 센스가 있어
아주 작은 일에도
감사하지요.

반대로 행복한 사람들은 할 일이 가득 차 있고 그 일을 처리하는 과정과 다른 사람과의 교감에서 행복을 느낀답니다. 게다가 행복을 느끼는 민감한 센스가 있어 아주 작은 일에도 감사하지요.

그러니 이제 짜증내는 거 자중하십시오.

8. 그릇된 사람은
큰 그릇(器)이 못 됩니다

도공이 가장 냉정할 때는 가마에서 구워진 도자기를 꺼내 볼 때입니다. 제대로 된 게 아니면, 정성 들여 만든 그릇이라도 사정없이 망치로 내려치지요. 놋그릇 같은 건 다시 녹여서 쓸 수 있다지만 질그릇은 한번 깨뜨리면 그것으로 끝입니다.

그런데도 과감히 깨는 이유는 그릇된 것은 그릇이 될 수 없기 때문입니다. 옹기든, 자기든, 토기든, 도기든 잘못된 것은 깨는 게 맞아요.

사람은 어떨까요? 그릇처럼 깨버릴 수는 없겠지요. 그러니 그릇된 사람은 절대 큰 그릇이 될 수 없습니다.

9. 독화살을 맞았다면
독부터 제거하십시오

인생을 살다 보면 예기치 않은 독화살을 맞을 때가 있습니다. 비난과 모욕의 말일 수도 있고 억울한 누명을 쓰는 사건일 수도 있지요.

독화살은 반드시 죽이겠다는 의도로 날아온 화살이란 점에서 나와 관계가 있는 사람이 나를 공격하는 겁니다. 독화살이 날아올 땐 무조건 빨리 피하세요. 미처 피하지 못해 맞았다면 빨리 독부터 제거하십시오.

아무리 화가 치밀어 올라도 누가 쏘았는지부터 밝히겠다고 덤비거나 앙갚음하려 들지 마십시오. 독이 퍼져 죽고 맙니다. 그렇게 되면 독화살 쏜 놈을 도와주는 꼴이지요.

독화살을 맞았다면 최대한 빨리 독을 제거한 후 건강을 회복해야 합니다. 그 다음에 독화살을 쏜 놈이 누구인지 알아내고, 어떻게 대응할지를 생각하십시오.

일을 처리하는 데는 순서가 있으니까요.

10. 비교하지 말고 비고하십시오

비교는 인간을 불행하게 합니다. 비교는 다른 사람들이나 주변 환경에 의해 올랐다 떨어졌다 하는 우월감이나 열등감을 주지요.

이런 증상을 양극 장애(bipolar disorder) 또는, 조울증이라고도 합니다. 냉정히 말하면 비교 병이에요.

비교(比較) 대신 비고(備考)해 보십시오.

비고란 비교할 만한 대상과 그대를 비교하되 거기서 부족한 부분을 알아차리고 필요한 것을 채우는 겁니다. 비교하는 사람이 '왜'를 물으며 열등감에 빠질 때, 비고하는 사람은 '어떻게'를 물으며 해결책을 찾아냅니다.

남들보다 능력이 뛰어났음에도 계속 실패하는 사람이 있습니다. 그들은 비고해야 할 때 비교해서 그렇습니다. 비교할 때 조급증이 생기고 조급증이 생기면 이성을 작동시킬 수가 없거든요.

반대로 다소 부족하더라도 늘 비고하면 그는 계속 성장합니다.

비교하는 사람이 '왜'를
물으며 열등감에 빠질 때
비고하는 사람은 '어떻게'를
물으며 해결책을 찾아냅니다.

11. 인생 망치지 않으려면 망치를 준비하십시오

　망쳐버린 일을 통해 일을 더 망치는 사람이 있고 그 일을 계기로 자신의 문제를 망치(hammer)로 삼는 사람이 있습니다.

　역사를 공부하는 이유는 조상의 부끄러운 과오를 잊지[忘恥] 않기 위해서입니다. 역사를 잊어버린 개인이나 나라는 미래가 없으니까요.

　능력 부족이나 실수로 망쳐버린 일은 누구나 있습니다. 지울 수만 있다면 당장 지워버리겠지요. 그런데 더 어리석은 짓은 그 일로 어떤 교훈도 얻지 못하는 것입니다.

　그대가 망친 그 일을 망치로 삼아보십시오.

　망치(忘恥)하려 할 때마다 정신 번쩍 들게 때려주란 말입니다.

12. 자판기와 정수기는
스스로 팔고 스스로 정화합니다

　자판기(自販機)는 스스로 판매하는 기계지요. 사람도 자판기(自判機), 즉 스스로 판단하는 존재가 되어야 합니다.

　안타깝게도 자판(自判)을 못 하는 결정 장애에 걸린 사람이 많습니다. 판단을 제대로 못 하는 것은 결과를 예측하지 못하거나 나온 결과를 반추(反芻)하는 능력이 부족해서입니다.

　이 기능을 필터링이라고 하지요. 정수기도 필터링을 해서 깨끗한 물을 공급해주지요.

　정기적으로 정수기 필터를 교환해 깨끗한 물을 공급 받듯 사람도 늘 자기를 돌아보며[反芻] 점검해서 자판(自判)할 줄 알아야 합니다.

13. 시기하는 마음을
사기를 올리는 데 쓰십시오

살아가면서 적당한 시기심은 필요합니다.

시기심은 상대방이 가진 능력을 갖고 싶을 때, 부러울 때 생깁니다. 그런 점에서 어느 정도의 시기심은 에너지가 되지요.

시기심이란 참 묘해요. 나보다 월등하게 뛰어난 사람보다는 나와 능력이 같거나 부족한 사람이 칭찬을 받을 때 생기거든요.

그럴 땐 '나도 곧 저렇게 될 거야.'라는 그대의 바람(want)에 바람을 불어 넣으세요. 그러면 시기심이 그대의 사기를 높이는 에너지로 바뀔 겁니다.

'나도 곧 저렇게 될 거야.'라는
그대의 바람(want)에 바람을
불어 넣으세요.
그러면 시기심이 그대의 사기를
높이는 에너지로 바뀔 겁니다.

14. 아름다운 뒤태는
디테일에서 나옵니다

스턴트맨에 무술 감독이면서 영화배우인 정두홍 이야기입니다. 어떤 잡지 기자가 물었답니다.

"어차피 화면에 얼굴도 안 나올 텐데 뭘 그렇게까지 열심히 하세요?"

"무슨 말씀을요? 뒷모습에도 감정이 있어요."

화가이면서 조각가요, 세계 10대 천재로 알려진 미켈란젤로에게도 비슷한 일화가 있습니다. 그가 시스티나 성당의 천장화를 그릴 때, 보이지 않는 부분까지도 아주 정성스럽게 그렸지요. 그 모습을 본 조수가 물었습니다.

"아니, 어차피 보이지도 않고 아무도 모르는데 뭘 그렇게 정성 들여 그립니까?"

그러자 그는 정색을 하고 딱 한마디 했습니다.

"내가 알고 있어!"

천재란 아주 특출한 재능이
있는 사람이라기보다
남들보다 더 수고하되 보이지 않는 곳까지
세심하게 집중함으로써
그 재능을 더 빛나게 하는 사람들입니다.
그들의 아름다운 뒤태는 디테일에 있었던 겁니다.

제대로 철(哲) 들 때,

사람은 행복합니다.

15. 철이 들어야 행복이
철철 넘칩니다

제철 채소나 과일이 최고인 것은 잘 알고 있지요?

사람도 제철에 맞게 살아야 합니다.

나이가 들어가면서 품격과 여유가 생겨야겠지요.

제대로 철(哲) 들 때, 사람은 행복합니다.

제철 과일이 사람에게 유익을 주듯 지금 하는 일, 지금 이 순간, 지금 만나는 사람, 지금 가지고 있는 것에 만족하며 사는 철든 사람은 주변 사람까지 행복하게 합니다.

16. 뿔났다고요?
그렇다면 행동 개시할 때입니다

　몇 년 전 〈엄마가 뿔났다〉라는 인기 드라마가 있었지요.

　가족을 위해서 살아온 엄마의 이야기였습니다. 그 엄마는 뿔이 나 독립을 쟁취하고 1년간 혼자만의 휴가를 떠나지요.

　'뿔났다'라는 말은 '뿔이 생겨났다'는 뜻인 생각(生角)과 같은 말입니다. 드라마 속 주인공은 그동안 열심히 가족을 위해 살았지만, 자신을 위한 삶은 살지 못했어요. 자신을 돌보지도 못했고요. 그러다 뿔이 나 자신을 돌아보게 된 겁니다.

　화가 났을 때, 뿔났다고 하지요. 사람은 가끔 뿔날 필요가 있습니다.

　화(분노)는 불(火)처럼 마음의 에너지입니다.

　적당한 화는 어떤 행동을 위한 불쏘시개입니다. 뭘 잘 못 하는 사람도 어떨 때는 엉겁결에 큰일을 해내지요. 이런 경우를 '홧김에 했다.'고 하거든요.

　따라서 부당한 처사를 당했든 미처 알지 못하던 사실을 알게 되었든, 이제 더 이상 억울한 상태에 머물지 않겠다는 결단의 표현이 '뿔났다'이니, 사람은 적당히 뿔이 날 필요가 있습니다.

　그대도 뿔났나요? 그러면 행동 개시하십시오!

17. 부질없는 짓에 부지런하지 마십시오

'부질없다'는 표현이 있습니다. '수고해봤자 소용없다.'는 뜻이지요. 부질없다는 말은 원래 '불질 없다.'에서 왔습니다. 대장간에서 쇠를 단련할 때 불질은 꼭 필요한 과정입니다.

대장장이는 불에 달구는 불질과 물에 담그는 담금질을 반복합니다. 불질과 담금질을 많이 할수록 쇠는 단단해지지요. 그러지 않으면 쇠는 물러서 금방 휘거나 부러져 쓸모가 없습니다.

청춘의 시기는 단련하는 시기입니다. 만약, 그대가 지금 불질도 담금질도 하지 않고 있다면 쉽게 휘어버리는 무른 쇠붙이같이 살게 될 겁니다.

그러니 부질없는 짓에 부지런 떨지 말고 진짜 불질을 하십시오. 그대를 단련해줄 곳을 찾아가십시오.

18. 쓸데없는 걱정 대신 쓸모 있는 걱정을 하십시오

걱정의

40퍼센트는 절대 현실에서 발생하지 않는 일,

30퍼센트는 이미 일어난 일,

22퍼센트는 무시해도 좋을 만한 일,

4퍼센트는 사람의 도리로 어떻게 할 수 없는 일.

유난히 걱정이 많은 사람들이 있습니다. 그 사람들의 걱정거리를 보면 대개 쓸데없는 걱정이에요. 그 이면에는 불안감이 있습니다.

캐나다의 유명 작가 어니 J. 젤린스키는 《모르고 사는 즐거움》(랜덤하우스, 1997)에서 걱정의 40퍼센트는 절대 현실에서 발생하지 않는 일, 30퍼센트는 이미 일어난 일, 22퍼센트는 무시해도 좋을 만한 일, 4퍼센트는 사람의 도리로 어떻게 할 수 없는 일이라고 말하고 있습니다. 한마디로 쓸데없는 걱정이 많다는 뜻이지요.

쓸데없는 걱정을 쓸모 있는 걱정으로 바꿔보십시오.

개연성이 충분히 있는 일을 예측해서 대비하는 겁니다.

쓸모 있는 걱정은 미래를 보는 안목이요, 지혜가 아닐까요?

19. 생각도 환전이 필요합니다

환전이란 다른 나라의 돈으로 전환하는 것입니다. 생각도 마찬가
지입니다. 전환해야 합니다. 내가 아니라 상대방 입장에서 생각하
면 그만큼 편안하게 상대방과 어울리며 살 수 있습니다.

내가 아니라 상대방 입장에서
생각하면 그만큼 편안하게
상대방과 어울리며 살 수 있습니다.

20. "짱나! 짱나!"라고
불평만 하면 거지 짝 납니다

"짜증 나!"라는 말조차 귀찮아서 "짱나! 짱나!"라고 불평하고 있나요?

그런데 짜증 난다는 게 맞는 말일까요? 짜증 낸다는 게 맞는 말일까요?

짜증이 난다는 것은 어떤 일에 대한 감정적 자동 반응으로, 그대 스스로의 판단과 결정이 없는 영유아 수준의 정신 연령을 가졌다는 뜻입니다.

짜증을 낸다는 것도 그 주체는 그대니까 결국 둘 다 그대가 턱없이 얇은 사람이란 사실을 동네방네 떠벌리는 행위이지요.

화분의 흙이 얇으면 식물이 제대로 자라지 못해요. 이처럼 내적 수준이 얇은 사람은 어떤 일을 제대로 이뤄낼 수 없습니다.

매사에 "짜증 나!"라는 말도 귀찮아 "짱나! 짱나!"를 입에 달고 산다면 아무리 머리가 좋고 재능이 뛰어나도 빌어먹는 거지 짝 납니다.

그러니 불평만 하지 말고 그 불평을 개선해 보세요.

위대한 발명품들은 생활 속 불평과 불편을 해결하거나 개선하려다가 나온 것이 많으니까요.

21. 오만 가지 생각이 경쟁력입니다

머릿속이 복잡할 때 "오만 가지 생각이 든다."라고 말합니다.

그런데 심리학자들의 연구 결과에 따르면 사람은 정말 하루에 오만 가지 생각을 한다고 합니다.

그 오만 가지 생각을 엮어내면 어떨까요?

"구슬이 서 말이라도 꿰어야 보배."라는 속담도 있잖아요.

생각과 생각을 연결해 보세요.

생각의 꼬리에 또 다른 생각을 연결하는 것입니다. 마치 거미가 제 몸에서 줄을 뽑아서 정교하게 연결해 먹이를 사냥하고 천적을 피하는 그물을 만들 듯이 말이죠.

미래로 갈수록 생각하는 능력을 갖추어야 남다른 사람이 됩니다.

22. 작은 구멍 하나가 구명합니다

비행기가 지상 11킬로미터 정도의 높이로 날 때면, 바깥 온도가
영하 50도에 육박해도 실내 온도는 25도 내외를 유지합니다. 그 정
도 기온 차이면 창에 김이 서리거나 성에가 끼는데 비행기 창문은
그렇지 않아요. 창이 세 겹으로 되어있고 창문에 아주 작은 구멍이
있어서죠.

바깥과 중간 창은 여압을 맞추고 맨 안의 창은 소리를 막아주고
따뜻하게 해줍니다. 창과 창 사이에는 공기가 채워져 있어 객실 내
의 공기가 구멍을 통해 흘러 들어가면서 바깥 창의 표면 온도를 조

절합니다.

사람도 작은 구멍이 있어야 합니다. 사람이 사는 것도 다 구멍 덕분입니다. 목구멍, 콧구멍, 귓구멍 모두 중요해요. 목구멍이 포도청이란 말도 있고, 콧구멍이 뚫려 있으니 숨 쉬고. 입으로 시작해서 항문까지 이어지는 긴 구멍도 있고.

그러니 너무 빡빡하게 이 악물고 살지 마세요. 작은 빈틈 정도는 있어야 해요. 그 구멍이 그대를 숨 쉬게 할 것입니다.

23. 흥이 나서 부자 되고
놀면서 부자 됩시다

흥부와 놀부 이야기 잘 알지요? 경영 관점에서 보면 흥부는 경영에 젬병인 반면 놀부는 탁월한 경영자입니다.

제가 만약 '신(新)흥부전'을 쓴다면 흥부는 흥(興)이 나서 부자가 되고[興富], 놀부는 놀면서 부자가 된 비결을 쓸 겁니다. 잘 놀려면 흥이 있어야 하고 흥이 있으면 노는 마당이 필요하지요.

흥이란 사람과 천지의 기운이 만나서 일으키는 재미나 즐거운 감정을 가리킵니다. 이 흥을 돋우는 건 노래와 춤이고요.

원래 한국인은 흥의 민족이라 흥에 겨워 일할 때 훨씬 더 큰 성과를 냅니다.

그러니 오늘부터 흥이 나는 일을 찾아보고 그 흥을 살려 부자 되는 법을 생각해 보세요.

이제는 노는 것처럼 일하는 직업이 최고의 직업입니다. 잘 놀아야 성공하는 시대이지요.

이제는 노는 것처럼
일하는 직업이
최고의 직업입니다.
잘 놀아야 성공하는 시대이지요.

24. 장비병을 정비병으로 바꾸십시오

저는 카메라 장비병에 걸렸습니다. 새 제품을 사면 실력도 자동 향상된다고 믿고 있습니다. 이 병에 걸리면 이것저것 사느라 집은 카메라 전문점을 방불케 합니다. 멋진 사진을 보면 그건 틀림없이 고가의 카메라로 찍었기 때문이라고 생각합니다. 또 제가 찍은 사진이 마음에 들지 않으면 카메라 탓, 장비 탓을 합니다.

"선무당이 장구만 나무란다."라는 속담은 딱 저를 두고 하는 말입니다.

솔직히 제 카메라도 어떤 이에겐 꿈의 카메라일 겁니다. 프로 작가는 제 카메라로도 멋진 사진을 쏟아낼 겁니다. 카메라 입장에선 자기 능력을 제대로 활용하지 못하는 주인이 원망스럽고 자존심 상하겠지요.

이젠 장비병 대신 정비병에 걸리려고 합니다. 기계란 정비할수록 좋고 기능을 알면 알수록 활용도가 높아지니까요. 정비병에 걸린

사람은 사용 설명서를 자주 읽으면서 기능을 익혀 두고 기계가 고장 나지 않도록 늘 정비해놓습니다.

제가 가끔 이용하는 카메라 렌즈 수리점이 있습니다. 한 평도 안되는 작은 수리점이지만 그 곳 주인은 지정 AS센터에서 못 고치거나 고치더라도 비싼 대금을 지불해야 할 고장 난 카메라와 렌즈를 완벽하게 수리해줍니다. 그것도 싼 가격으로. 그분은 어릴 때부터 늘 만져보고 뜯어보고 고치는 정비병이 있었답니다.

〈정글의 법칙〉에 나오는 김병만 씨도 어릴 때부터 정비병이 있었다고 하죠. 집 안에 있는 기계는 죄다 뜯어보았대요. 망가진 기계는 직접 고치고. 그래서인지 정글에서 예기치 못한 난관을 만나더라도 없는 장비를 탓하는 대신 있는 장비를 적극 활용해 상황을 극복합니다. 그가 정글의 족장이 될 수 있었던 것은 정비병 덕분이지요.

25. 몸의 비만보다
생각의 비만이 더 문제입니다

다이어트는 과연 누구를 위한 것일까요?

건강을 위해서 한다면 좋겠지만 남의 시선을 의식해서라면 다시 생각해 보세요. 사실 몸의 비만보다 생각의 비만이 더 문제입니다.

생각의 비만은 뭘까요?

쓸데없는 생각과 자기중심적 생각, 남의 시선에 신경 쓰는 겁니다.

마음을 무겁게 하고 실천력을 떨어뜨리지요.

물론 몸매가 좋으면 외면적 자신감을 주니까 좋습니다.

그러나 내면적 자신감은 행복을 느끼게 합니다.

생각의 비만을 줄이면 내면의 자신감이 커집니다. 내면적 자신감은 독서와 사색을 통해 기를 수 있습니다. 그리고 자신이 해야 할 사명을 깨닫게 해주지요.

26. 덧없는 인생이 아니라
닻 없는 인생입니다

덧없는 인생이라고요? 더 갖고 싶은 욕망을 채우지 못해 공허감이 들거나 안락의 덫에 걸려 더 이상 살아야 할 이유가 없을 때, 우리는 덧없다고 말합니다.

부모님 세대는 먹고사는 문제를 해결하기 위해 평생 죽도록 일만 했습니다. 덕분에 우리는 밥걱정은 하지 않고 살았지요. 하지만 정신적으로는 오히려 더 가난해져 허탈감과 외로움의 늪에 빠져 허우적대고 있습니다.

안정과 안락이란 덫에 걸려 영혼의 닻까지 잃어버렸지요. 영혼의 닻이란 살아가야 할 이유를 말합니다.

영혼의 닻을 되찾기 위해선 안락의 덫을 먼저 없애야 해요. 다행히 그게 그렇게 어렵지는 않습니다. 그저 지금보다 조금만 불편해지기, 조금만 부족해지기, 조금만 낮아지기를 선택하면 됩니다. 그러면 덧없는 인생이 더없는 인생으로 바뀔 겁니다.

27. 자기 십자가만
지고 가면 됩니다

인생이란 자기 십자가만
지고 가면 됩니다.
자기 십자가란 마땅히
짊어지고 가야 할 삶의 분량이니
기분 좋게 지세요.

"십자가를 진다."라는 말이 있습니다. 피치 못할 운명이나 의무를 받아들이는 태도를 말하지요.

그런데 《성경》 구절에는 그냥 십자가가 아니라 "자기 십자가를 지고"라고 되어 있습니다. 번역을 조금만 달리 했다면 많은 사람이 부담스러워하는 십자가가 아니라 행복의 십자가로 받아들였을 것 같네요. "내 십자가만 지고"라고 말이죠.

가족 상담을 해보니 자기 십자가 외에 부모 형제의 십자가까지 지고 가는 사람이 의외로 많습니다. 그 많은 십자가의 무게에 짓눌려 행복을 느낄 수가 없지요.

인생이란 자기 십자가만 지고 가면 됩니다. 자기 십자가란 마땅히 짊어지고 가야 할 삶의 분량이니 기분 좋게 지세요. 남의 십자가 걱정일랑 하지 말고.

28. 울어야 웃을 수 있고
웃어야 울 수 있습니다

10년 전쯤 대한민국에 웃음 치료 열풍이 불었지요.

그때 저는 울음 치료(눈물 치료)를 가르쳤습니다. 웃음과 울음은 아주 깊은 관계가 있거든요. 제대로 울려면 많이 웃어야 하고 제대로 웃으려면 많이 울어야 하지요.

미국 뉴욕에서 빈민가 아동을 위한 기관 '메트로 월드 차일드'를 세운 빌 윌슨(Bill Wilson) 목사는 이렇게 기도했답니다.

"주님, 저희에게 다시 웃는 법을 가르치소서. 그러나 하나님, 저희로 저희 울음을 잊지 말게 하소서."

살다가 웃음이 사라졌다는 말은 삶의 재미를 잃었다는 이야기고 삶의 재미를 잃었다는 말은 삶의 의미를 잃었다는 뜻이고 울어야 할 시간이 되었다는 뜻입니다. 그럴 땐 방문을 걸어 잠그고 혼자 울어야 합니다. 고독한 광야로 들어가야 하지요. 그 광야를 통과하고 나면 다시 웃을 수 있습니다.

행복은 웃는 사람에게만 오는 게 아니라 울고 있는 사람에게도 옵니다.

29. 고질병이 아니라
고칠 병입니다

오래 앓아 고치기 어렵거나 만성이 된 병을 고질병이라고 합니다. 그런데 유능한 의사를 만나 치료받아 나으면 더 이상 고질병이 아니지요. 다만 그런 유능한 의사를 어떻게 만나는가가 관건이죠.

고질병을 고칠 병으로 만들려면 생각을 바꿔야 하고, 생각을 바꾸려면 여러 사람의 생각을 묻고 들어야 합니다.

옛 어른들은 병이 들면 널리 자랑하라고 했습니다. 그러다 보면 치료법을 아는 사람을 만나게 되거든요.

충분히 고칠 수 있는 병인데 스스로 고질병이라 여기고 아무에게도 알리지 않아 결국 죽게 된다면 정말 안타깝잖아요? 죽을 때가 돼서야 자기 병이 고칠 병이었다는 사실을 알게 되면 얼마나 억울할까요?

30. 일상을 잘 살아야 일생이 편안합니다

"내일 지구의 종말이 온다 할지라도 나는 한 그루의 사과나무를 심겠다."

지구의 마지막 날이 와도 개의치 않고 자신이 해야 할 일을 하며 살겠다는 뜻입니다.

철학자 스피노자가 이 말을 했다고 알려져 있지요. 그런데 스피노자보다 먼저 이 말을 한 사람은 종교 개혁자 마르틴 루터입니다.

마르틴 루터는 종교 개혁을 목적으로 살았을까요? 아니지요. 자신에게 주어진 일상(日常)을 잘 살았더니 종교 개혁을 이뤄낸 겁니다.

일생을 잘 살고 싶나요? 어떤 일을 성취하고 싶나요? 그러면 일상을 잘 사십시오.

31. 갈라진 이유를 알려면
달라진 이유부터 찾아보십시오

실연당한 적이 있나요? 실연을 당하면 배신감과 분노, 우울과 자괴감, 고독 등으로 힘든 시간을 보내게 되지요.

실연이란 하나로 붙어 있다가 갈라져 분리된다는 뜻입니다. 실연을 당한 사람은 갈라진 쪽이고 실연을 한 쪽은 이미 달라진 사람입니다.

그렇다면 그대가 실연을 당한 이유를 묻기 전에 그(녀)가 달라진 이유부터 찾아보세요. 그동안의 사랑이 단지 감정적으로만 끌린 사랑이었거나 육체적인 매력에 의한 사랑이었을 수도 있어요. 그렇다

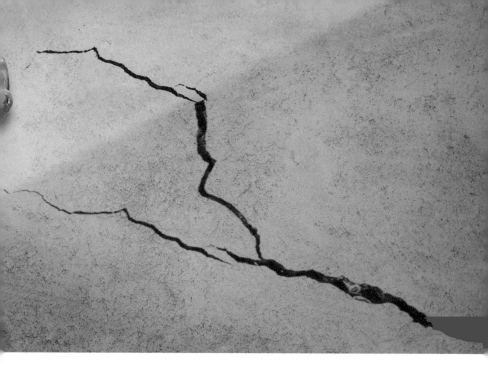

면 어차피 오래갈 연애가 아니었네요. 또 사랑할 줄도 모르고 받을
줄도 모르는 사람이 스스로 갈라져 나갔다면 그건 오히려 고마운
일입니다.

  갈라진 이유를 찾되 상대방이 달라진 이유부터 찾아보세요. 그러
면 그(그녀)와 그대의 문제를 명확히 구분할 수 있을 겁니다. 그대의
어떤 점이 상대를 달라지게 했는지 알고 그 문제를 고치면 그대는
더 좋은 사람이 될 겁니다. 그럼 이전보다 더 멋진 이성을 만날 수
도 있고.

32. 생기가 도는 사람이어야
생기는 복이 있습니다

〈창세기〉에 의하면 사람은 흙으로 만들어진 육체에 생기(生氣)가 더해진 영적인 존재입니다.

생기라는 말은 살아 있는 느낌, 생동감, 활달한 기운 같은 것이지요.

사람을 사귈 때는 생기가 도는 사람인지 냉기가 도는 사람인지를 기준으로 삼으세요.

사람은 감정의 동물이라서 정서적으로 쉽게 전염됩니다. 활기 넘치는 사람 곁에 있으면 나도 같이 활력이 넘쳐 살맛이 나지만 축 처진 사람 곁에 있으면 나도 축 처집니다. 그러니 생기가 도는 사람, 혈색이 좋은 사람, 얼굴에 웃음이 있는 사람, 의욕에 차있는 사람을 자주 만나세요. 생기가 도는 사람은 어딜 가든 환영받습니다.

'생기'에 '다'를 붙여 '생기다'라는 동사를 만들어 보세요. '생기다'라는 말은 전에 없던 것들이 새롭게 만들어졌다는 뜻이죠? 복은 자연스레 생기는 것인데 그 출발점이 그대의 생기에 있습니다.

33. 흘러가는 것들은
대부분 홀로 가는 것들입니다

'흘러간다'는 말을 쓸 때 어울리는 단어는 강, 세월, 역사 등입니다. 대부분 홀로 고독하게 가는 것들이죠. 서두르는 법도 없고 늦는 법도 없어요. 이렇게 흘러가다 보면 드러날 것은 드러나고 숨겨질 것은 숨겨집니다.

사람도 흘러가게 둘 것이 많습니다. 그러려면 홀로 있는 시간이 필요해요. 홀로 흘러가는 강물, 세월, 역사처럼 자기 또한 그 홀로 가는 것의 일부라는 점을 스스로 알게 되지요.

현대인은 외로움(loneliness)을 두려워한 나머지 혼자 있는 시간인 고독(solitude)을 잃어버리고 말았습니다.

사람은 고독을 통해서 자신이 누구인지를 알고 어떻게 살아갈지 방향을 찾습니다. 즉, 고독의 시간이야말로 사람이 익어가는 시간입니다. 그 시간을 갖지 못하니 제대로 익지 못하지요.

　영국의 소아 정신과 의사이자 심리학자였던 도널드 위니컷 (Donald Winnicott)은 '혼자 있는 능력(capacity to be alone)이 건강한 관계의 기본'이라고 강조했습니다.

　혼자서도 충분히 행복할 수 있어야 그 누구와 있어도 행복합니다.

34. 남의 인정을 구하지 않으면 마음이 안정될 겁니다

사람들은 누구나 미움의 대상이 되는 걸 원하지 않습니다.

일본의 기시미 이치로, 고가 후미타케는 그런 사람들의 마음을 간파하고 《미움받을 용기》(인플루엔셜, 2014)라는 책을 출간했지요. 프로이트와 동시대를 살았던 탁월한 심리학자였음에도 프로이트의 인과론에 밀려버린 비운의 심리학자 아들러의 정식 분석학을 바탕으로 쓴 책입니다. 프로이트의 심리학이 인과론이라면 아들러의 심리학은 목적론입니다.

미움받을 용기란 남의 인정을 갈구하지 않는다는 뜻이고 그것은 자기가 삶의 주체가 된다는 말입니다. 인정을 갈구한다는 말은 이미 남의 시선과 판단에 자신을 맡긴다는 뜻이지요.

인정받으려 애를 쓰다 보면 늘 남의 눈치를 봐야 하니 마음이 편하지 않습니다. 인정받기를 포기하고 나아가 미움받을 용기까지 가지면 도리어 평안해집니다.

사실, 미움을 받은들 미움받는 그대가 손해겠어요? 아니면 그대가 미워 죽겠다고 이를 가는 사람이 손해겠어요?

그러니 오늘부터는 남의 장단에 춤추지 말고 그대의 장단에 맞춰 춤추세요.

35. 세컨드라고 해서 시큰둥하게
살 필요는 없습니다

올림픽에서 은메달리스트의 만족도보다 동메달리스트의 만족도가 훨씬 높다는 거 아니요?

은메달리스트가 '내가 조금만 더 잘했더라면…….' 하며 자책할 때 동메달리스트는 '까딱 잘못했으면 메달 못 딸 뻔했다.'라며 안도의 행복감을 느끼니까요.

"1등만 기억하는 더러운 세상." 이 말이 유행한 적이 있었습니다. 하지만 2등은 뭐 아무나 하나요?

세컨드라고 시큰둥할 필요 없습니다. 은메달리스트는 금메달리스트 다음으로 제일가는 사람입니다. 1등 말고 그를 능가할 사람은 없잖아요. 또 여전히 올라야 할 목표가 있으니 더욱 열심히 살게 될 테고.

"1등만 기억하는 더러운 세상."
이 말이 유행한 적이 있었습니다.
하지만 2등은 뭐 아무나 하나요?

36. '아우'라는 사실을 냉정히 받아들이면 '아우라'가 생깁니다

전 아들만 넷인 집의 막내로 태어났습니다. 그래서 그다지 존재감이 없었습니다. 늘 형들 그늘 아래 있었고 형들이 나를 함부로 대한다고 느낄 때도 많았습니다.

상담학을 공부하면서 가족 탐사를 할 때 그런 가족 관계 패턴을 보게 되었고 그럴 때면 분노가 치밀어 앙갚음(?)을 하고 싶기도 했답니다.

정말 그렇게 했다면 어떤 결과가 생겼을까요?

굳이 그럴 필요가 있을까요?

태어나는 순서는 제가 정할 수 있는 것이 아니잖아요. 외려 그 순서를 인정하고 내가 할 일만 하면 되는 거였지요.

상담 심리학 공부를 통해 '건강한 경계선(Healthy boundary)' 설정의 중요성을 안 후부터는 혹여 형들의 무례한 언행이나 무리한 요구에도 예스나 노를 말할 수 있었습니다. 그랬더니 형들의 태도가 달라졌습니다. 그리고 "아우에게서 아우라가 느껴진다."라고 말하더군요.

그때 깨달았습니다.

아우라가 되었든 포스가 되었든 그것은 제가 '아우'라는 사실을 있는 그대로 받아들이고 저를 똑바로 세울 때 생겨난다는 것을 말이죠.

37. 편안보다 평안이
더 큰 행복입니다

우리가 추구했던 성공은 대부분 공부, 대학, 대기업, 취직, 사업과 같은 성취를 통한 것들이고, 다분히 경제적 안정과 부의 축적으로 설명되는 것이었습니다.

그러나 그것은 엄밀히 말하면 행복의 조건이 아니라 편리와 안락 (comfort)의 조건입니다. 고급 주택에 놓인 리클라이너로 대변되는 삶이랄까요?

과연 그 편안이 평안(peace)이 될 수 있을까요? 또 편안하지 않다고 평안을 얻을 수 없는 걸까요? 리클라이너 대신 맨바닥에 누워도 얼마든지 행복할 수 있지 않을까요?

5남매를 수재로 키운 포항 농부의 자녀 교육 이야기 《가슴높이로 공을 던져라 1, 2》(올림, 2013)를 쓴 황보태조 작가 이야기입니다.

막노동을 하고 집에 오면 아이들이 달려와서 아빠를 놀이터 삼아 안기고 올라탔대요. 그때 그는 아이들이 자신을 귀찮게 하는 것이 아니라 온종일 노동에 시달린 육체를 안마해주는 것이라 생각했고

그러면 그 시간이 그렇게 행복했다고 합니다.

고급 레스토랑이 아니라 시장에서 칼국수를 먹어도 평안할 수 있습니다. 편안은 물리적 조건으로 내가 애써야 하는 것이지만 평안은 마음을 고쳐먹는 것만으로도 가능하니 얼마나 쉬워요?

장염에 걸려 며칠 죽을 고생을 하고 나면 온몸의 힘이 다 빠져나간 것 같지요. 장염에서 회복되면 죽을 먹고, 그러다 밥을 먹고, 점차 단단하고 거친 음식물을 먹습니다. 먹은 음식물이 소화 과정을 거쳐 적당히 굳은 상태로 배출되는 것을 '된똥'이라고 합니다. 말 그대로 '된 똥'이니 완성된 똥이지요.

곡물, 채소, 고기가 어우러져 맛있는 음식이 위장으로 들어가면 영양 성분은 몸을 위해 흡수되고 찌꺼기는 외부로 배출됩니다.

액체로 배출되면 소변이고 고체로 배출되면 대변이지요.

우리 몸은 완벽한 자동화 시스템으로 구축되어 있어요. 이 기능이 제대로 작동하지 않으면 탈이 났다고 합니다. 탈이 나면 채 되지도 않은 똥을 내보내고, 액체와 고체를 구분하지 못해서 뒤로 배출할 것을 앞(입)으로 보내기도 하지요.

그러니 우리는 된똥 앞에서 겸손해야 합니다. 나는 된 사람인가 아닌가 자문하면서 말이죠.

39. 때론 어중간한 게
복이 되기도 합니다

"굽은 나무가 선산을 지킨다."라는 말이 있습니다. 곧은 나무는
일찌감치 재목으로 잘려나가기 때문이지요.

우리는 어중간하다는 말을 별로 좋아하지 않습니다. 하지만 어중
간하다는 말은 최소한 중간은 간다는 뜻이니 나쁜 의미가 아닙니다.

중용(中庸)이란 말도 사실은 어중간하다는 것을 멋지게 표현한 말
에 불과해요. 그러니 어중간하다는 말을 '중간을 지키고 있다', '중
심을 지키고 있다.'는 의미로 생각하고 맘 편히 사세요.

너무 똑똑하지도 말고, 너무 어리석지도 말라.

너무 나서지도 말고, 너무 물러서지도 말라.

너무 거만하지도 말고, 너무 겸손하지도 말라.

너무 떠들지도 말고, 너무 침묵하지도 말라.

너무 강하지도 말고, 너무 약하지도 말라.

너무 똑똑하면 사람들이 너무 많은 걸 기대할 것이다.

너무 어리석으면 사람들이 속이려 할 것이다.

너무 거만하면 까다로운 사람으로 여길 것이고

너무 겸손하면 존중하지 않을 것이다.

너무 말이 많으면 말에 무게가 없고

너무 침묵하면 아무도 관심 갖지 않을 것이다.

너무 강하면 부러질 것이고 너무 약하면 부서질 것이다.

— 코막(9세기경 아일랜드 왕), 아일랜드 옛 시집에서

40. 분주하게 살지 말고 변주하며 사십시오

어느 날 갑자기 지구가 자전을 멈춘다면 이 세상은 어떻게 될까요? 관성의 법칙 때문에 지구의 자전 속도에 맞도록 설계되었던 모든 것이 다 쓰러지겠지요.

현대인의 생활 방식도 지구처럼 돌고 있어서 잠시만 멈추면 모든 게 무너질 것 같은 불안감을 느끼도록 만들어졌습니다. 그래서 늘 분주합니다.

이젠 분주한 삶 대신 변주하는 삶으로 전환하십시오.

변주란 기존의 멜로디를 다른 느낌으로 연주하는 것이지요.

변주할 일은 많습니다.

이 책 한 꼭지 읽는 시간 3분,

지는 석양을 바라보는 시간 5분,

거리에서 공연하는 사람들의 노래와 연주 한두 곡을 듣고 박수 보내는 시간 10분,

오랫동안 소원했던 사람에게 문자메시지를 보내고 전화하는 시간 몇 분……

41. 나이가 아쉬워요?
나이가 가르쳐 주니 아, 쉬워요!

'나이 듦의 미학'이란 말이 있습니다.

나이가 들어야만 알게 되는 세상의 아름다움이 따로 있다는 뜻입니다.

나이 들어 아쉽다고 말하는 사람들은 나이 들어 더 쉬워지고 편해진 삶을 몰라서 그렇습니다.

나이가 드는 것을 아쉬워하기보다 감사하는 사람들은

"아쉽다." 대신에 "아, 쉽다!"라고 말합니다.

나이만큼 많은 경험을 했으니 모든 일이 이전보다 쉽지 않겠어요?

42. 비우면 비 우려가 됩니다

탐욕은 인간의 본성 중 하나입니다.

재물이든 사람이든 물건이든 뭔가를 자꾸만 채우려고 하면 그것이 스스로에게 족쇄가 됩니다.

탐욕이 행복을 가로막은 셈이지요.

오히려 비우려 하면 마음은 더 편안해집니다.

법정 스님도 '텅 빈 충만'이라는 역설적 표현을 했잖아요.

채우려 하면 내내 불안하지만 비우려 하면 우려할 일이 없습니다.

말 그대로 비(非)+우려(憂慮)가 되는 것이지요.

43. 원망만 하지 말고
원만(圓滿)한 사람이 되십시오

불평과 원망을 입에 달고 사는 사람이 있습니다. 이들은 자기는 잘못이 없고(부정, denial), 주변 사람이 문제(투사, projection)라고 생각합니다. 부정과 투사는 가장 낮은 수준의 심리적 방어 기제입니

다. 이들은 마음에 모가 났어요. 모난 수레바퀴가 제대로 굴러갈 수 없듯 모난 사람은 행복하지 않습니다. 모난 사람은 못난 사람일 뿐 무난한 사람이 못 되는 것이지요.

반대로 어떤 문제의 원인을 자신에게서 찾는 사람은 부정과 투사에 사용할 에너지를 자신을 고치는 데 사용합니다. 그래서 모난 구석이 없고 둥글둥글합니다. 이런 사람을 원만하다고 하지요.

원만(圓滿)이란 둥근 원(圓)이 가득 찼다(滿)는 뜻입니다. 그런 사람은 어딜 가든, 무엇을 하든, 누굴 만나든 늘 행복합니다.

원만한 사람에게 세상은 눈을 감으면 편안해서 좋고, 눈을 뜨면 아름다워서 좋고, 혼자 있으면 고요해서 좋고, 함께 있으면 즐거워서 좋습니다.

사람은 누구나 자신의 삶이 빛나는 보석이길 원합니다.
보석의 매력은 아름다운 결정(結晶)에 있지요.
그대가 그런 결정이 있는 보석이 되지 못한 이유는
결정(決定) 장애 때문이 아닐까요?

44. 결정(決定)을 못 하면
결정(結晶)으로 빛날 수 없습니다

사람은 누구나 자신의 삶이 빛나는 보석이길 원합니다. 보석의 매력은 아름다운 결정(結晶)에 있지요.

그대가 그런 결정이 있는 보석이 되지 못한 이유는 결정(決定) 장애 때문이 아닐까요?

삶이란 선택의 연속인지라 눈을 뜨는 순간부터 잘 때까지 선택, 즉 결정의 연속입니다. 어차피 해야 할 일은 고민하지 말고 무조건 하십시오. 하지 말아야 할 일은 고민하지 말고 하지 마세요. 빨리 결정을 내리면 그다음부턴 고민할 필요가 없어서 편안합니다.

결정을 못 내리고 자꾸 미적거리면 그런 삶의 태도 또한 하나의 결정(決定)이 되어 애매한 인생이 되고 말지요. 그러니 어떤 일이든 심사숙고 하되 결단이 필요한 일은 최대한 빨리 결정하십시오.

혼자서도 충분히

행복할 수 있어야,

누구와 있어도 행복합니다.

맞추기
Both

사람이라면 누구나 행복과 성공을 원합니다. 행복과 성공은 '관계'에 있습니다. 나 혼자 행복하고 성공하는 것은 큰 의미가 없습니다. 최소 단위가 둘이니 둘 다(both) 좋아야 하지요.

관계의 시작은 자신입니다. 먼저 자신을 사랑하고 소중히 여겨야 하지요. 그래야만 다른 사람들을 사랑하고 소중히 여깁니다. 행복이란 가까운 사람들과 잘 지내는 것입니다. 지금 그대 곁에 있는 사람과 둘 다(Both) 좋은 관계를 만드세요.

45. 바꾸려고 하지 말고
바뀌려고 해 보십시오

인간관계가 왜 힘들까요? 상대방을 내 뜻대로 바꾸려 해서 그렇습니다.

상대방을 바꾸려는 마음은 '내가 너보다 낫다.'라는 생각 때문입니다. 이미 수직관계입니다.

그래서 상대방은 부담을 느끼고 어떻게든 빠져나갈 궁리를 합니다. 그대 입장에선 사랑과 관심이지만 상대방은 그 사랑과 관심이 부담스럽고 되레 불편합니다.

상대방을 바꾸려 하면 그대는 힘만 빠지고 관계는 더 악화됩니다.

반대로 그대가 먼저 바뀌려 하면 관계는 자연스러워집니다.

그대는 열쇠고 상대방은 자물쇠입니다.

자물쇠에 맞는 열쇠를 맞추지, 열쇠에 자물쇠를 맞추는 건 아니니까요.

46. 상대방을 나보다 낮게 여기면
행복이고 낮게 여기면 불행입니다

사람은 본능적으로 누군가와 자신을 비교합니다.

사람을 대할 때는 배우자든 친구든 그를 나보다 낮게 여기십시오.

현재 관계하고 있는 그가 그대보다 탁월한 존재라고 생각해 보세요.

그대가 그 사람을 알고 있다는 것만으로도 기쁘지 않을까요?

또 생활환경을 비교할 땐 그들보다 나를 낮게 여기십시오.

나의 지금 상황이 정(正)이라면,

상대를 나보다 낮게 여기든 낮게 여기든 그것은 반(反)이 되고,

그 결과는 행복 또는 불행이란 합(合)으로 드러납니다.

47. You belong to me?
You be, long to me!

"넌 내 거야!"

사랑의 감정에 빠져 있을 때엔 이런 말도 황홀하지요.

그러나 결혼을 했다면 콤마 하나를 더해서 "You be, long to me!"가 되어야 합니다.

"You belong to me!"는 소유를 뜻하는 말인데 be 다음 콤마를 넣으면 의미가 사뭇 달라집니다. "그대는 나와 영원히 함께할 것이다."라는 뜻과 함께 "내가 당신을 위해 존재한다."가 되니까요.

행복과 불행은 작은 점 하나 차이랍니다.

행복은 역설의 원칙으로 성립됩니다.

상대방을 내 삶의 필요조건으로 여기면 불행이나 상대를 내 삶의 목적으로 두고 살면 둘 다 행복입니다.

48. 헌신 없는 행복은 없으니
먼저 헌 신으로 갈아 신으십시오

　명절이나 휴가를 맞아 시골에 가면 농사일을 비롯해 할 일이 많습
니다.

　일을 할 때면 가장 먼저 헌 신을 찾아 갈아 신습니다.

　헌 신을 신어야 마음 편히 일할 수 있으니까요.

　행복과 성공은 얼마나 빨리 헌 신으로 갈아 신는가에 달려 있습니다.

　부부든 가족이든 친구든 연인이든

　사람과 사람의 행복도 상대를 위한 헌신(Commitment)에 있고

　성공하기 위해서도 혼신을 다해 헌신해야 하니까요.

49. 별에서 온 그대도 결혼하면
벼르고 온 그대일 겁니다

〈별에서 온 그대〉라는 인기 드라마가 있었지요.

연애는 '별에서 온 그대'하고 하는 게 맞습니다.

그대의 그대는 그대가 모든 것을 알아서 채워주기를 기대하고, 그대 또한 그대의 그대가 모든 것을 알아서 해주기를 기대하지요.

그러나 결혼하게 되면 '벼르고 온 그대'로 바뀝니다.

존 그레이 박사는 《화성에서 온 남자 금성에서 온 여자》(동녘라이프. 2006) 시리즈에서 결혼이란 화성에서 온 남자와 금성에서 온 여자가 지구라는 별에서 사는 것이라고 말하고 있답니다. 그래서 남자는 여자에 대해서 배워야 하고 여자는 남자에 대해서 배워야 합니다.

그런 까닭에 우리나라에서는 서로 다른 남녀가 부부가 되면 둘의 관계를 '배우자(配偶者)'라고 부릅니다. 평생 배우자!

50. 끝까지 들어내야 비로소 덜어내는 존재가 됩니다

  남자들이 가장 힘겨워하는 일이 여자의 말을 경청하는 일이라고 합니다.

  그 이유는 남자와 여자가 대화하는 목적이 달라서죠.

  남자는 주로 정보를 교환하고 자신이 우위라는 것을 입증하기 위해 대화합니다. 이에 반해 여자는 마음을 나누고 친밀감을 유지하기 위해 대화하지요.

  여자가 대화를 요청할 때는 감정적 교류의 대상이 되어달라는 거지, 문제를 해결해 달라는 게 아닙니다.

  그러니 남자는 그저 끝까지 잘 들어주기만 하면 됩니다.

  경청까지는 힘들어도 최소한 '그냥 듣기'만 하면 됩니다. 즉 절대 끼어들거나 말을 끊지 말고 여자가 말을 마칠 때까지 듣는 겁니다.

  '추임새'와 '맞장구'의 기술을 사용하면 더욱 좋아요.

  남자가 끝까지 들어주면 여자는 마음의 짐을 덜게 되고, 남자는 딱히 큰일을 하지 않아도 여자에게 큰 점수를 얻게 됩니다.

51. 바라지 말고
그대가 먼저 바라지 하십시오

친밀하고 각별한 사이일수록 바라는 것이 많습니다.

'바라지'란 말이 있는데요, 음식이나 옷을 대주는 등 여러모로 돌보아 주는 일을 말하지요.

부모가 자식을 위해 수고하는 것, 아내가 남편을 위해 수고하는 것도 이에 속합니다.

앞에 접두어를 붙여서 '뒷바라지'라는 말로 많이 씁니다.

그런데 뒷바라지가 있다면 '앞바라지'도 있지 않을까요?

누군가를 뒷바라지하는 동안 미뤄두거나 포기했던 꿈에 다시금 도전해서 좋은 본보기가 되는 일이 앞바라지일 겁니다.

그러니 이젠 부모님이든 배우자든 누구에게든 바라지만 말고 그분들이 앞바라지하도록, 그대가 뒷바라지 해 주십시오.

52. Give and take?
Give, and Take!

〈당신은 사랑받기 위해 태어난 사람〉이란 노래가 있지요. 사랑받기 위해 태어났다는 가사가 우리를 기분 좋게 해 줍니다.

그런데 사실, 사랑은 주고받는 것이 아니라 주는 것만을 지칭합니다. 받을 것을 염두에 두고 준다면 거래지요. 거래가 이뤄지는 곳은 직장이나 시장입니다.

직장은 내가 제공한 능력에 대한 대가를 받는 곳이요 시장은 내가 돈을 주고 물건으로 바꾸는 곳이니 "Give and take."가 성립됩니다. 하지만 부부와 가족, 친구는 '관계'로 연결되었기 때문에 콤마 하나를 추가해서 "Give, and Take."가 되어야 합니다.

주는 것 자체에서 기쁨을 느끼는 사람은 돌아올 것을 바라지 않습니다. 그래서 참 사랑을 실천하는 사람은 어디에서 무엇을 하든 늘 행복하기에 "Give, and Take."를 넘어 "Give, and Forget!"으로 삽니다.

53. 망각과 용서는
그대를 위한 사랑입니다

〈F학점의 천재들〉(1982)이라는 영화가 있었지요. 그땐 말도 안 되는 제목이라고 여겼는데 지금 생각해보니 행복에 관해선 F학점의 천재로 살아야 하는 게 맞네요.

여기서 F는 fail의 F가 아니라 forget와 forgive의 F를 말합니다. forget은 'for(위해서)+get(얻기)'이고, forgive는 for(위해서)+give(주기)'입니다.

결국 그대는 망각과 용서를 통해 더 많은 것을 얻게 됩니다.

미국의 대표 사상가였던 랠프 월도 에머슨은 이렇게 말했지요.

"매일 일을 마치고 하루를
마무리한다. 몇 가지 실수와
어리석은 일을 저질렀으리라.
그래도 될 수 있는 한 빨리
그것들을 잊어라."

54. 꾸중하는 사람의 마음도 이미 구정물입니다

몇 년 전 제가 쓴《다 큰 자녀 싸가지 코칭》(코리아닷컴. 2012)이란 책을 보고 상담 요청을 하는 부모가 많았습니다.

그분들은 자녀를 엄하게 꾸중하는 것을 가장 어려워했습니다. 정작 그분들의 자녀들은 부모의 작은 꾸중조차 들어내질 못합니다. 사실, 꾸중은 듣는 쪽보다 하는 쪽이 더 불편하고 힘듭니다. 꾸중하기 전부터 마음이 이미 구정물이 되기 때문이지요.

꾸중은 명백한 잘못에 대한 정확한 지적이요, 잘 되기를 바라는 사랑입니다. 그 꾸중을 듣고 잘못된 부분을 고치면 크게 발전합니다. 그러나 부모의 작은 꾸중조차 들어내지 못하는 자녀들이 나중에 어떻게 다른 사람의 비난과 모욕을 감당할 수 있을까요?

어찌 보면 상담과 컨설팅은 비싼 돈을 주고 꾸중을 듣는 행위 아닐까요? 상담사와 컨설턴트가 그들의 잘못을 하나하나 짚어도 끝까지 듣지요. 지적해주는 부분을 고쳐야 더 나은 방향으로 발전하기 때문이지요.

정말 친한 친구를 '절친' 혹은 '베프'라고 하지요.

절친일수록 친절을 베풀어야 하고,

베프일수록 많이 베풀어야 합니다.

그러니 오늘은 그대가 밥을 사든 커피를 사든 해 보세요.

박사보다 더 훌륭한 사람이 '밥 사'라고 하잖아요.

56. '러너스 하이'처럼
'헬퍼스 하이'를 느껴 보십시오

우리나라의 마라톤 열풍은 정말 대단합니다.

왜 사람들은 힘든데도 달리는 걸까요?

여러 이유가 있겠지만 격렬한 운동을 할 때 생기는 '러너스 하이 (Runner's high)'라는 황홀감 때문입니다.

달리기를 시작하고 얼마 후 체력이 고갈되는 시점에 다다르면 정말 죽을 것같이 힘들다고 합니다. 바로 그 때 몸이 고통을 줄이려고 '내인성 모르핀'을 분비한답니다. 그러면 고통 대신 황홀감을 느낀다고 하지요. 극한의 고통이 황홀감을 주다니 사람의 몸은 참 신비롭습니다.

마음의 마라톤에는 '헬퍼스 하이(Helper's High)'가 있습니다.

다른 사람들을 도와주면 우울 증상이 감소되고, 행복감과 자존감, 통제력과 자기 효능감이 올라가 더 행복해지는 것을 말합니다.

결국 다른 사람을 돕는 것이 나를 돕는 겁니다.

" 다른 사람들을 도와주면
우울 증상이 감소되고,
행복감과 자존감, 통제력과
자기 효능감이 올라갑니다.
그래서 더 행복해지지요.

57. 사랑이 나를 향하면 만족, 남을 향하면 친절입니다

가끔 사랑이란 말을 다르게 표현하면 뭐라고 할 수 있는지 묻는 사람들이 있습니다.

전 두말 않고 사랑이 나를 향하면 만족이고 남을 향하면 친절이라고 답합니다.

프랑스의 철학자 파스칼은 이렇게 친절을 강조했습니다.

"친절한 말은 사람의 마음에 그 말의 형상, 즉 아름다운 형상을 심는다. 그 말은 듣는 이를 진정시키고 차분하게 하며 편안하게 해준다. 또한 심술궂고 까다로우며 불친절한 감정을 부끄럽게 만든다. 그 말들은 진작 충분히 사용되었어야 했는데 우리는 아직까지 그렇게 말하지 못하고 있다."

58. 나누려 하지 않으면
그대의 삶이 나누어집니다

봄이 되면 겨울을 지낸 식물들의 분갈이를 합니다.

더 큰 화분으로 옮겨 심거나 적당한 크기로 나눠서 분양합니다.

그냥 두면 웃자란 식물의 크기에 비해 화분의 크기가 작아 볼품도 없거니와 식물이 약해져 죽기도 합니다.

지인들에게 분양해주면 주는 사람도 받는 사람도 다 기분 좋습니다.

행복도 마찬가지입니다.

나누지 않으면 도리어 약해져 죽는 식물처럼 나누어지고 맙니다. 그러나 다른 사람과 나누면 곱하기가 됩니다.

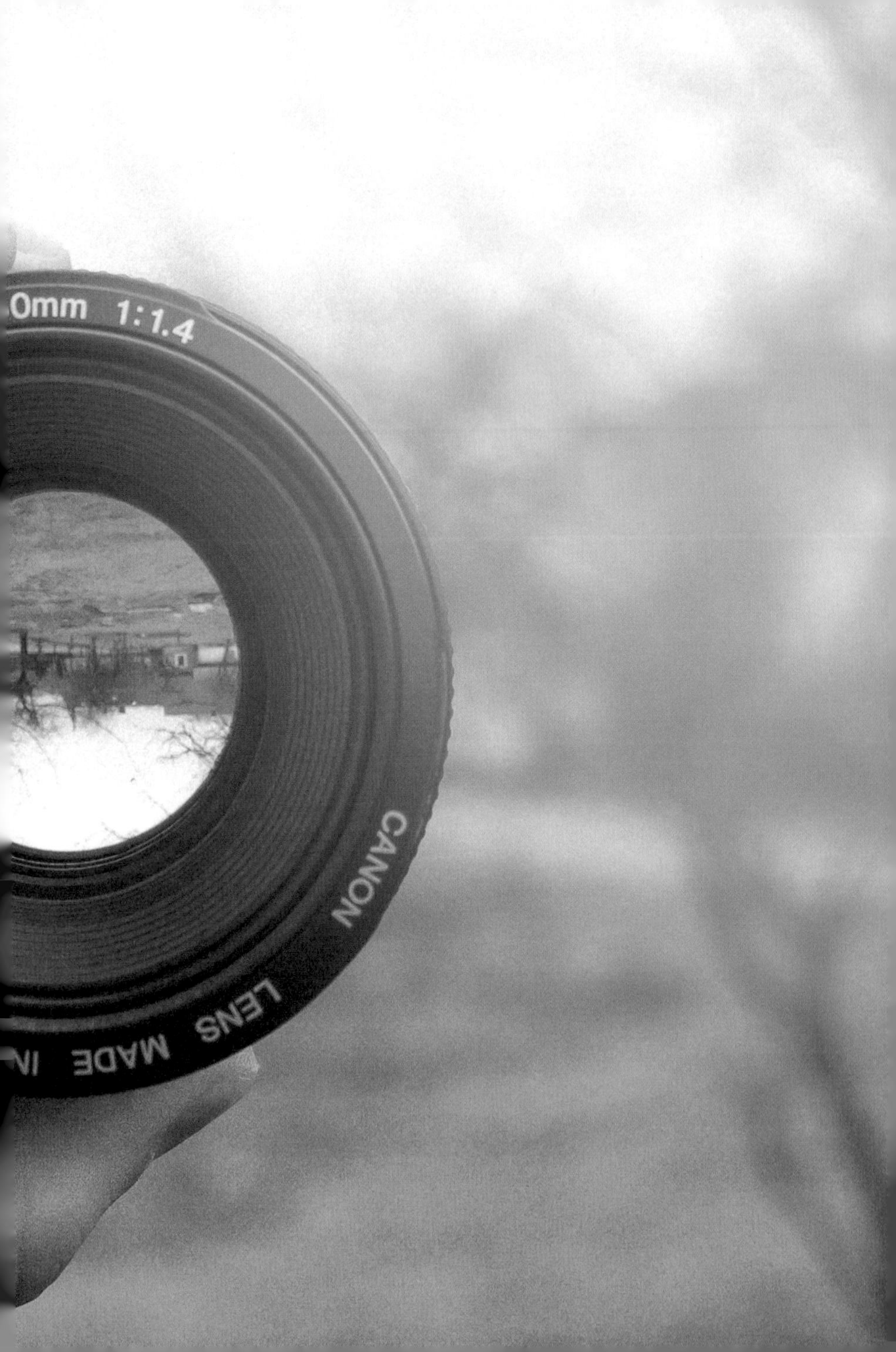
0mm 1:1.4
CANON
LENS MADE

59. 주기적으로 주기를 좋아하는
사람은 줌(zoom)의 시각을 가졌습니다

기부 천사, 나눔 천사라 불리는 사람들은 이렇게 말합니다.

"처음엔 누군가를 돕는다고 생각했는데 시간이 지날수록 제가 더 큰 도움을 받아요. 그래서 자꾸 더 주게 되고 주기적으로 찾아가게 돼요."

줄수록 더 행복해지는 것이겠지요?

뭔가를 주려면 상대방의 입장을 잘 헤아릴 줄 알아야 합니다.

"구제할 때 오른손이 하는 것을 왼손이 모르게 하라."라는 《성경》의 가르침은 은밀하게 도우라는 뜻이 있습니다. 상대방의 자존심을 세워주라는 뜻도 있고요.

상대방의 자존심을 세워주려면 그 사람을 잘 이해해야 합니다.

또한 도움을 주려면 그 사람의 필요를 알아야 합니다.

그러려면 돌보는 능력인 줌(zoom)의 시각이 필요하지요.

주기적으로 줌(give)할수록 줌(zoom)의 기능은 더 커집니다.

60. '죽는다'를 생각하고 살면
인생이 '죽~ 는다'

인생이 유한하다는 사실을 깨닫고 사는 사람은 삶의 태도가 다릅니다.

잠자리에 드는 시간이 죽는 순간이고, 아침에 눈을 뜨는 시간이 부활의 순간입니다.

그렇게 사는 사람은 순간순간의 소중함을 누구보다 잘 알지요.

오늘 하루는 두 번 다시 오지 않을 내 인생의 마지막 시간이라는 것을 아는 사람이니까요.

그래서 그들은 늘 '지금 여기'를 살려고 애를 씁니다.

그러다 보니 후회가 없고 행복하지요. 그런 사람은 다른 사람보다 두 배, 세 배의 인생을 삽니다.

죽는다 생각하고 살았더니 인생이 죽~ 늘어난 것이지요.

그들은 늘 '지금 여기'를
살려고 애를 씁니다. 그러다 보니
후회가 없고 행복하지요.

61. 우울증과 공황 장애로 고생한다면
탁월한 두뇌를 가졌습니다

요즘 공황 장애와 우울증 때문에 상담실을 찾는 사람이 늘고 있습니다.

상담 초기에 그들에게 제일 먼저 하는 말은 "부모님께 감사해라." 입니다. 우울과 공황은 월등하게 뛰어난 두뇌의 소유자일수록 많이 겪는 증상이기 때문이지요.

우울증 환자와 공황 장애 환자는 남들이 하나, 둘을 생각할 때 다섯, 열을 생각하는 사람입니다. 생각이 많다는 것 자체를 댐으로 비유하자면 아주 큰 댐과 같아요.

다만 우울과 공황은 수문이 너무 작아 물이 둑으로 흘러넘치는 것과 같습니다.

치료 방법은 의외로 간단해요. 적당한 크기의 수문 몇 개를 만들어주면 됩니다.

즉 생각의 정리 정돈입니다. 수많은 생각 중에서 쓸데없는 생각은

버리는 정리(整理), 쓸모 있는 생각은 아이디어와 지식으로 활용하는 정돈(整頓)을 하면 됩니다. 속에서 올라오는 온갖 생각과 느낌을 죄다 적어놓고 그것들을 하나씩 둘씩 짚어보면 됩니다.

그러면 그때부터는 홍수와 가뭄을 조절하고, 전력을 생산하는 등 수많은 역할을 하는 다목적댐과 같아지지요.

62. 섬이 되지 말고 썸을 타 보십시오

'혼족'이 늘고 있어요. 혼밥, 혼술, 혼영 등 혼자서 뭔가를 하는 사람들을 혼족이라고 지칭하는데, 심리학에선 '고립(isolation)'이라는 방어 기제에 해당됩니다. 섬처럼 사는 것이지요.

부득이하게 혼족이 된다고는 하지만 어떤 면에선 관계의 기술이나 생존 능력이나 삶의 실력이 부족해서 섬이 되는 경우도 많습니다.

홀로 섬이 되지 말고 '썸(some)'을 타보세요.

썸의 대상이 된다는 건 매력 있다는 뜻입니다. 썸을 타고 싶다면, 그대의 씀씀이를 점검해 보세요. 돈의 씀씀이도 중요하고 친구를 배려하고 챙기는 마음 씀씀이도 중요합니다.

씀씀이의 범위를 넓혀 가면 썸을 탈 수 있어요. 결국 세심함이 썸을 타는 지름길입니다.

63. 지금이 가장 아름답습니다

상담받고 문제를 해결한 사람들이 하는 말이 있습니다.

"진작 선생님을 뵈었다면 얼마나 좋았을까요?"

"우리가 젊을 때 이런 것을 알았더라면 얼마나 좋았을까요?"

그런데 그들이 정말 진작 왔을까요? 제가 뭔가를 일러줘도 들으려고나 했을까요?

어디선가 본 시구입니다.

"사랑하는 그대여! 그때는 그대를 몰랐고 그대는 그때를 몰랐다네."

세월이 지나고 나면 그때가 가장 좋았고, 그때가 가장 아름다웠다는 것을 알게 됩니다. 가끔 오래된 사진첩을 보면 그때의 제 모습이 얼마나 풋풋하고 상큼한지요. 사실 그 사진을 찍었을 때는 제가 그렇게 풋풋하고 상큼한지 몰랐습니다. 세월이 지나서야 알게 된 것이지요.

64. 구글은 구걸(求傑)해서 구걸(求乞)하지 않았습니다

구글은 마이크로소프트의 후발 주자였음에도 일류 IT 기업으로 도약했습니다. 탁월한 인재를 구하는데[求傑] 집중했던 까닭입니다.

심지어 헤드헌터들이 마이크로소프트의 인재들까지 빼 갔는데 이 때문에 마이크로소프트의 빌 게이츠와 구글의 에릭 슈밋은 앙숙 관계로 유명합니다.

구글은 구걸(求傑)했기에 구걸(求乞)하지 않는 기업이 된 것이지요.

사람이 최고의 자산입니다.

65. 항우는 향유하는 법을 몰랐고
유방은 우방을 끌어올 줄 알았습니다

리더십에서 자주 비교되어 거론되는 인물이 항우와 유방입니다. 항우가 여러 면에서 탁월했지요. 귀족 출신에 힘도 장사라서 항우 장사라는 말이 있을 정도니까요. 그런데 최후 승자는 항우가 아니라 유방입니다.

항우는 다른 사람과 향유하는 법을 몰랐으나 유방은 우방을 만들 줄 알았습니다. 항우는 자신의 탁월한 능력만 믿고 인재 등용에 힘쓰지 않았어요.

하지만 자신의 부족함을 잘 알고 있던 유방은 유능한 인재를 찾아 곁에 두고 자신의 참모로 썼지요.

한 가닥의 줄은 쉽게 끊어도 세 겹줄은 쉽게 끊을 수 없습니다. 개인의 능력이 아무리 탁월해도 여러 사람이 모은 힘을 이길 수는 없지요.

66. 지지 않으려고만 하면
아무도 그대를 지지하지 않습니다

이기려고만 하는 사람은 어리석습니다.

때론 져주는 것도 필요하고 물러설 줄도 알고 다른 사람에게 공을 돌릴 줄도 알아야 합니다.

축구에선 골을 넣는 것만큼 어시스트도 중요해요. 골을 잘 넣는 선수로 이름을 날렸다가 이내 사라지는 사람이 있는가 하면 어시스트를 잘해서 선수 생활을 오래 하는 사람도 있습니다. 그런 선수는 골은 넣지 못해도 팀워크를 향상시켜 팀을 우승으로 이끕니다. 어시스트를 잘하는 동료를 싫어할 선수가 있을까요?

지지 않으려고 악착같이 살아서 반짝 빛났다 사라지는 조명탄 인생으로 살래요?

지는 것을 선택함으로써 그대를 지지하는 사람들과 함께 빛나는 은하수 인생으로 살래요?

반짝 빛났다 사라지는 조명탄
인생으로 살래요?

사람들과 함께 빛나는 은하수
인생으로 살래요?

67. 때론 망가져야
망(網) 가집니다

　유튜브에서 '아버지들의 발레 공연'이란 동영상을 본 적이 있습니다.

　배가 나오고 머리카락도 없는 중년 남자들이 하얀 발레복을 입고 춤을 추는데 진지한 표정으로 일사불란하게 움직이더군요. 연습을 꽤많이 한 것 같았어요.

　보는 사람들은 배꼽을 잡으며 웃었고 공연이 끝나자 사람들은 우레 같은 박수를 보냈습니다. 그렇게 망가진 아버지들의 모습이 얼마나 친근하고 따뜻하게 다가왔을까요?

　사람은 때로 망가져야 할 자리에서 제대로 망가져야 해요.

　망가지면 사람 냄새가 나고 사람 냄새가 나는 곳엔 사람들이 모입니다.

　망가지는 만큼 망(網)이 생기는 거지요.

　그러니 오늘은 완벽하려고 애쓰지 말고 한번 망가져보세요.

사람은 때로
망가져야 할 자리에서
제대로 망가져야 해요.

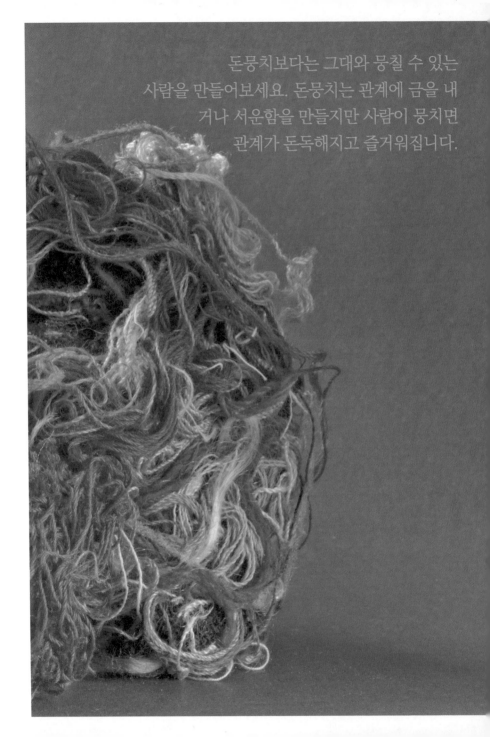

돈뭉치보다는 그대와 뭉칠 수 있는
사람을 만들어보세요. 돈뭉치는 관계에 금을 내
거나 서운함을 만들지만 사람이 뭉치면
관계가 돈독해지고 즐거워집니다.

68. 뭉치는 즐거움이 돈뭉치보다 좋습니다

　요즘 가상 화폐, 비트코인에 대한 뉴스를 보고 들으면서 많은 것을 생각합니다.

　가상 화폐는 일확천금의 욕구를 자극하지요.

　물론 돈뭉치가 생긴다면야 좋지요.

　그렇지만 뭉치로 들어온 돈은 뭉치로 나가게 마련입니다. 그런 사람 주변에는 사고뭉치들이 있으니까요.

　돈뭉치보다는 그대와 뭉칠 수 있는 사람을 만들어보세요. 돈뭉치는 관계에 금을 내거나 서운함을 만들지만 사람이 뭉치면 관계가 돈독해지고 즐거워집니다.

　긍정심리학자들이 공통으로 말하는 행복의 조건 중 하나가 '좋은 인간관계'라는 점 잊지 마십시오.

69. 유대인은
우대인 해서 탁월합니다

　노벨상 수상자의 22%는 유대인입니다. 유대인임을 공식적으로 밝힐 수 없었던 사람들까지 포함하면 거의 삼 분의 일 가까이 된다고 합니다. 유대인의 천재성은 개인이 탁월해서라기보다 짝을 지어 공부하는 방식에 있습니다. 그 짝을 '하브루타'라고 부르지요.

　짝을 지어 질문하는 '탈무딕 디베이트'는 서로를 더 발전시키는 원-윈 학습법입니다. 어릴 때부터 짝을 지어 공부를 했기 때문에 유대인은 혼자서는 살 수 없다는 사실을 잘 알고, 동족끼리 각별한 친밀감을 유지합니다.

　유대인은 곧 우대인입니다.

　그대가 성장하고 싶고 행복해지고 싶다면 주변 사람을 우대인으로 만들어보세요. 그러면 틀림없이 그 사람들도 그대를 우대인 할 거고 둘의 유대를 통해 둘 다 탁월한 능력을 갖게 될 것입니다.

70. 미련을 갖고 사는
미련한 짓은 하지 마십시오

〈잊혀진 계절〉이란 노래가 있습니다.

가사 속 주인공은 미련한 사람입니다. 자기가 왜 버림받았는지 모르고 자신을 떠난 그 사람이 언젠가 돌아오리란 근거 없는 희망을 품은 채 살고 있지요.

상대방은 나를 버렸는데 혼자서 여전히 그(녀)에 대한 환상을 갖고 과거에 묶여 현재도 미래도 제대로 살지 못합니다.

헤어진 이유는 주인공이 미련한 사람인 것을 저쪽에서 먼저 알아채서일 겁니다. 그쪽이 훨씬 더 현명했지요.

버림받았다면 처음엔 울고불고 뒤집어지며 분노하겠지요. 하지만 이내 정신을 가다듬고 새 인생을 살아야 합니다.

그대를 버리고 간 사람이 다시 찾아오리라는 기대를 품는 미련한 짓은 하지 마십시오.

71. 역지사지가 안 되면
억지사지라도 해야 합니다

"사람을 판단하기 전에 그 사람의 신발을 신어보아라."라는 인디언 속담이 있습니다. 역지사지(易地思之)하라는 말이지요.

상담에서는 '되어보기(becoming)'라고 합니다.

부부 치료를 할 때 남편에겐 아내 명찰을, 아내에겐 남편 명찰을 달게 합니다. 그렇게 배우자가 되어보면, 자기가 평소에 배우자에게 했던 말을 배우자의 입을 통해 듣습니다.

이런 작업만으로도 부부 갈등이 쉽게 해결되는 경우가 많습니다.

되어보기를 통해 남편은 아내의 마음을, 아내는 남편의 마음을 이해하게 되는데 이러한 이해가 자동 공감으로 이어지거든요.

행복의 비법은 역지사지하는 능력이니 역지사지가 안 되면 억지사지라도 해야 합니다.

훈련을 통해서라도 반드시 배워야 할 기술입니다.

72. 다른 사람의 이름을
기억할수록 그대의 이름을 앞당깁니다

누군가 그대의 이름을 기억하는 건 기분 좋은 일입니다. 덩달아 그 사람에 대한 인상이 좋아지게 마련이지요. 자신의 이름을 기억해주는 사람을 싫어할 사람은 없을 테니까요.

영업을 잘하는 세일즈맨들의 노하우는 뭘까요? 이들은 고객의 이름과 정보를 잘 기억한다고 합니다.

데일 카네기도 인간관계에 대한 책에서 이렇게 강조했습니다.

> "성공하기를 원한다면
> 다른 사람의 이름을 기억하고
> 그 이름을 자주 불러주어라."

주는 것 자체에서 기쁨을 느끼는 사람은
돌아올 것을 바라지 않습니다.
그것을 사랑이라고 부릅니다.
사랑을 실천하는 사람은 어디에서
무엇을 하든 늘 행복합니다.

높이기
Confrontation

동일한 조건인데 어떤 사람은 성공하고, 어떤 사람은 실패
합니다. 그 차이는 '그릿(grit)'에 있습니다. 그릿은 끝까지
참고 견디는 능력, 어느 정도 수준에 오르기까지 단순 반복
을 견뎌내는 우직함, 성공하기까지 지속적인 피드백을 통
해서 마침내 목표에 도달하는 끈기입니다. '우공이산(愚公
移山)'이나 "낙숫물이 댓돌을 뚫는다."라는 말의 현대식 표
현이지요.

주변을 탓할 여력이 있거들랑 그 힘으로 한 발짝 더 나아가
십시오. 어떤 문제를 만나든 직면(confrontation)하십시오.
영화 〈최종병기 활〉(2011)의 마지막 대사 "바람은 계산하는
것이 아니라 극복하는 것이다."처럼.

73. Sand bag이 되었더라도
Send Back 해야 합니다

요즘 사람들은 심리적 맷집이 너무 약합니다. 펀치를 날리는 기술만 강요받았지, 맷집 기르는 법은 배우지 않아서죠.

권투 선수는 강력한 펀치와 상대의 주먹에 쓰러지지 않는 맷집, 둘 다 있어야 하지요. 그래서 권투 선수는 자신이 샌드백(sand bag)이 되어 많이 맞으면서 맷집을 기른다고 합니다. 처음에는 약하게, 그리고 점차 강도를 높여서. 물론 견딜 수 있는 정도를 봐가면서 높여나가지요. 마음도 마찬가지입니다.

오스트리아 출생, 미국의 정신과 의사 하인츠 코후트(Heinz Kohut)가 제시한 '적절한 좌절(optimal frustration)'이라는 이론이 있습니다. 갓난아이에겐 엄마의 전적인 사랑이 있어야 하지만 성장하면서는 적절한 좌절을 겪어야 마음이 건강한 사람이 된다는 겁니다.

살다 보면 크고 작은 오해와 갈등, 원치 않는 재난과 사고, 사람들과의 관계에서 생기는 배신과 거절이 우리를 샌드백인 양 쉴 새 없이 때리지요. 그럴 때마다 센드 백(Send back)을 하면서 참아내야 합니다.

　화가 나도 참고 견디기, 힘들어도 끝까지 버티기, 아무리 절망스러워도 희망을 잃지 않기, 남들의 시선이나 비난 따위 무시하기, 남들이 뭐라 하든 우직하게 가던 길을 계속 가기. 그러다 보면 어느새 심리적 맷집이 센 사람이 되어 있을 겁니다.

세상엔 열정에 물을 끼얹는 존재가 너무 많습니다.
남들의 따가운 시선을 받으면
열정은 금세 식어버리지요.
그러나 정말 뜨거운 사람은 남들의
따가운 시선에 신경 쓰지 않습니다.

74. 뜨거운 사람은
따가운 시선도 참아냅니다

사람들은 열정적으로 살고 싶어 합니다. 열정을 갖기 위해선 뚜렷한 삶의 목적이 있어야 하지요. 하지만 세상엔 열정에 물을 끼얹는 존재가 너무 많습니다. 남들의 따가운 시선을 받으면 열정은 금세 식어버리지요.

그러나 정말 뜨거운 사람은 남들의 따가운 시선에 신경 쓰지 않습니다.

우리가 아는 중국의 고대 역사는 사마천이 남긴 《사기》 덕분입니다.

사마천은 한 무제 시대 태사령 지위에 있던 역사가인데 아버지의 뜻을 이어 역사서 편찬에 주력했습니다. 하지만 흉노족에 투항한 이릉을 변호했다는 죄목으로 궁형(宮刑)을 당하는 불운을 겪게 되지요. 궁형이란 남자의 생식기를 잘라내는 형벌인데 당시 남자들은 그 치욕스러운 형벌 대신 죽음을 택했습니다.

그러나 사마천은 궁형을 선택하고 살아남아 《사기》를 완성했습니다. 뜨거운 열정이 있었기에 사람들의 따가운 시선을 참아낸 것이지요.

75. 계단을 오를 땐
단계를 생각하십시오

계단(階段)이란 말을 뒤집으면 단계(段階)가 됩니다.

뭐가 되었든 한꺼번에 오를 수 없고 차례차례 올라가야 한다는 점에서는 똑같습니다. 급한 마음에 몇 계단씩 껑충껑충 뛰어서 오르내리다간 크게 다칠 수 있습니다. 프로 골프 선수 최경주도 이렇게 말했지요.

"성공하고 싶으세요? 그러면 한 계단씩 오르세요. 혹 욕심으로 서너 계단을 뛰어오르거나 뛰어내리는 사람은 자칫 계단에서 굴러 떨어지게 됩니다."

그러니 계단을 밟아 올라가듯 한 단계 한 단계 올라가세요. 그러다 보면 어느새 원하던 곳에 가 있을 겁니다.

BESONNENHEIT

BETRÜBT

BELEIDIGT SE
VORWÜRFE

AGGRESSIV

FREUDE

VERBOT

WAPPNEN

ZORN

NÄHE

76. 사랑받으려면
자신부터 가꾸십시오

아라비아 시인 오마르 워싱턴(Omer Washington)은 이렇게 말했습니다.

"다른 사람이 나를 사랑하게 하는 방법이 없다는 것을 나는 배웠다. 내가 할 수 있는 일이 있다면 사랑받을 만한 사람이 되는 것뿐이다."

사랑받고 싶거든 매력을 가지십시오. 외모의 매력이든, 돈의 매력이든, 인격의 매력이든, 지식의 매력이든, 포용력의 매력이든.

이때 매력(魅力)은 '홀린다', 즉 도깨비가 사람을 홀린다는 개념하고 같습니다. 객관적 사실이 아니라 주관적 느낌에 의해서 끌린다는 것이니 희망이 있지요.

그대의 매력은 무엇입니까?

77. 낮추는 눈높이가 있다면
높이는 눈높이도 있습니다

　모 학습지 회사에서 처음 사용했던 눈높이라는 말은 학습자의 수
준에 맞춘 교육이란 뉘앙스였습니다. 즉 교사(윗사람)가 학생(아랫사
람)의 수준으로 내려섰다는 뜻이지요.

　아이랑 공놀이를 하는 아버지가 아이의 가슴 높이로 공을 던져주
는 것이랄까요?

　그런데 다른 눈높이도 있습니다.

　그대가 수준을 높여서 그대의 부모님, 상사, 선배, 선생님의 수준
에까지 도달해야 하는 눈높이 말입니다.

　낮추는 눈높이는 사랑과 배려이고, 높이는 눈높이는 존경과 능력
입니다.

78. 고수는 수고로 만들어집니다

어떤 일의 경지에 도달한 사람을 달인, 장인 또는 고수라고 합니다.
널리 알려진 '1만 시간의 법칙'은 '고수가 되기까지의 수고 법칙'
인 셈이지요. 수고하지 않고 고수가 되는 일은 없습니다.

고수는 수고하는 과정에서 얼마나 많은 채찍을 자신에게 내려쳤
을까요?

안락과 쾌락의 유혹이나 평범한 삶을 살라는 유혹은 얼마나 받았
을까요?

어느 정도 궤도에 올랐을 때는 그곳에 안주하려는 마음을 어떻게
이겨냈을까요?

남들이 알지 못하는 고독의 시간은 얼마나 될까요?

속으로 삼킨 눈물은 얼마나 많았을까요?

그러니 고수와 수고, 수고와 고수는 늘 단짝입니다.

수고하지 않고
고수가 되는 일은 없지요.

고수와 수고,
수고와 고수는 늘 단짝입니다.

79. 고전을 면치 못할 땐
고전을 읽으십시오

그대가 고전(苦戰)을 면치 못하고 있다면 지금이야말로 고전(古典)을 읽어야 할 때입니다. 고전을 읽는 사람은 고전을 면치 못하는 상황까지 이르지 않습니다. 고전을 읽을수록 넓은 혜안이 생기기 때문에 미래를 예측하고 준비하게 되거든요.

그래서 유능한 CEO들은 고전을 많이 읽습니다. 그들은 고전에서 경영 철학을 배우고 전략의 영감을 얻습니다.

지금 고전하고 있는 일이 있다면, 그 일이 그대를 힘들게 한다면, 그것에서 벗어나려고만 하지 말고 고전을 읽어보세요. 몇 세기 전 사람들이 지금의 문제를 해결할 지혜와 용기를 줄 겁니다.

80. 견디기 어려운 일일수록
건더기가 많습니다

"견디기 어려운 일일수록 아름다운 추억거리가 된다."

포르투갈 속담입니다.

견디기 어려운 일일수록 건더기가 많다는 말이지요.

건더기에 영양분이 많은 것처럼 힘든 일을 겪으면서 우리는 성장합니다.

81. 인내는 그대를
성공으로 안내합니다

사람들이 살면서 많이 하는 후회 중 하나가 "좀 더 참을 걸"이라지요.

가까운 이들과의 관계에선 분노 같은 부정적 감정을 참지 못했던 것에 대한 후회, 일에 대해선 끝까지 버텨내지 못한 것에 대한 후회입니다.

오늘을 참고 견디면 내일의 그대는 성공의 레일 위를 달리는 고속열차 속에 사랑하는 누군가와 함께 있게 될 겁니다.

인내는 그대의 미래를 위한 레일을 까는 작업이요, 초고속 이동 수단을 얻는 길입니다.

82. 쉬려고만 하면 쉬어버립니다

　게으름에 빠져서 무조건 쉬려고만 하면 그대의 인생도 쉬어버립니다.

　쉰 인생이란 아무짝에도 쓸모없게 된 사람의 인생을 말합니다.

　마치 사람이 살지 않는 집이 이내 흉가가 되고 사용하지 않는 악기가 이내 휘어져 버리는 것과 같습니다.

　늘 쓸고 닦는 집은 시간이 흐를수록 깊은 운치가 있고, 매일 연주하는 악기는 시간이 흐를수록 깊은 음색을 내기 마련입니다.

83. 손금에 새겨진 운명도
주먹 쥐면 그만입니다

　사람의 생로병사가 태어날 때부터 정해졌다고 믿는 사람들이 있습니다. 운명론이자 결정론이지요.

　손금을 보는 사람들은 손금으로 자신의 결혼운, 생명운, 재물운 등을 알 수 있다고 생각합니다. 설령, 손금에 따라 운명이 정해져 있다고 칩시다. 그 운명이 새겨진 손바닥을 접어 주먹을 쥐면 손금은 더 이상 보이지 않습니다.

　그러니 두 주먹을 불끈 쥐고 당차게 일어서는 사람에겐 운명이나 숙명 따위는 없겠지요.

84. 책(冊)을 잡지 않아서
책(責)잡히는 겁니다

꾸중과 비난은 다릅니다. 꾸중은 교정을 통해 상대를 성장시키려는 의도고 비난은 상대방을 깔아뭉개려는 의도지요.

그래서 꾸중과 비난을 구분할 줄 아는 능력과 꾸중을 듣고 자신의 결점을 고치려는 자세가 필요합니다. 그것은 기본적인 교양에서 나오고 교양을 쌓으려면 책을 많이 읽어야 하지요.

독서가 부족해 교양이 얕은 사람은 꾸중을 비난으로 해석하기 때문에 참아내지 못하고, 꾸중해주는 사람을 도리어 책잡으려 합니다.

《삼국지》의 제갈량 같은 사람을 책사(策士)라고 하지요. 이들의 역할은 주군이 전쟁에서 승리하도록 좋은 전략을 짜내는 것이지요. 그러려면 보통 사람이 보지 못하는 부분까지 꿰뚫어 보는 통찰력이 있어야 아는데, 이것은 방대한 독서와 사색으로 얻는 능력입니다.

그러니 어느 시대든 책사는 책 사는 일부터 하지 않았을까요?

그대도 인생을 바꾸고 싶다면 책부터 사세요.

85. 애석한 일도 해석에 따라
보석이 되기도 합니다

《천로 역정》을 쓴 존 버니언은 "마음은 지옥을 천국으로 만들 수
도 있고 천국을 지옥으로 만들 수도 있다."라고 말했습니다. 행복은
조건이라기보다 해석의 문제란 뜻이지요.

《살아 있는 인간문서》(한국심리치료연구소, 1998)를 쓴 찰스 V. 거킨
이라는 심리학자도 "인간은 살아 있는 문서(human document)로서
모든 인간은 자신의 삶이 의미 있기를 원한다."라고 했습니다. 불쾌
한 사건을 만나도 그것을 재해석하고 의미를 부여하면 유쾌한 사건
으로 만들 수 있다는 뜻이지요.

미국의 신학자 라인홀드 니부어와 심리학자 프리츠 펄스의 게슈
탈트 기도문을 한 번씩 되뇌어보세요.

먼저 니부어의 기도문입니다.

"오! 하나님, 제가 바꿀 수 없는 것에 대해서는 그것을 겸허히 수
용할 수 있는 평안을 주시고, 바꿀 수 있는 것에 대해서는 그것을

과감히 변화시킬 수 있는 용기를 주시며, 바꿀 수 있는 것과 바꿀 수 없는 것을 냉철히 구분할 수 있는 지혜를 주소서."

이제 게슈탈트 심리 치료의 창시자 펄스의 기도문입니다.

"나는 나의 삶을, 당신은 당신의 삶을 살고 있습니다. 나는 당신의 기대를 만족시켜주기 위해 이 세상에 사는 것이 아닐뿐더러 당신도 나의 기대를 만족시켜주기 위해 이 세상에 살지 않습니다. 당신은 당신, 나는 나일 뿐입니다. 우연히 우리가 서로를 찾아낸다면 그보다 더 멋진 일은 없겠지만 그러지 못했다 해도 어쩔 수 없는 일입니다."

86. 몸에 밴 무기력은
가차 없이 베어내십시오

동일한 환경에 있어도 온몸과 영혼에 무기력이 배어 인생을 포기하는 사람이 있는가 하면 그 무기력을 가차 없이 베는 사람이 있습니다.

무기력을 베어내려면 칼날을 예리하게 세워야 합니다. 그 칼날을 세우기 위해서는 작은 성취들이 있어야 하지요. 성공 경험이 많을수록 칼날은 더 예리해집니다.

이때의 성취, 성공은 거창한 것이 아닙니다.

아침에 이불을 박차고 일어나는 것,

등산을 하겠다고 마음을 먹었다면 이내 현관문을 나서는 것,

책상을 정리하고 방 청소를 깨끗하게 하는 것과 같은 것들이죠.

무기력이란 놈은 놔두면 금세 잡초처럼 무성해지니까 보이는 대로 가차 없이 베어버리세요.

87. 말리지(be involved in) 않아야 밀리지 않습니다

쉽게 화를 낸다는 건 상대방의 말에 말려든다는 뜻이요, 말려든다는 건 마음속에 상대방을 받아들일 만한 수용 공간이 작다는 뜻입니다. 또한, 자기를 정확하게 표현하는 능력이 부족한 것이고요.

싸움도 일종의 협상입니다.

탁월한 협상가가 되려면 작전상 밀려줄 수는 있지만 능력 부족으로 말리는 일은 없어야 해요.

말리지 않으려면 상대가 아무리 부정적인 말, 공격적인 말을 하더라도 끝까지 들어야 합니다. 그러면서 진의를 파악하고 나아가 숨은 의도까지 찾아낼 줄 알아야 합니다.

88. 고백하려면
고 백(Go Back)해야 합니다

고백하기 위해서 우선 고 백(Go back) 해야 합니다. 내 고백을 받아주면 좋겠지만 아닐 경우도 많거든요. 거부를 당하면 되돌아가서 생각하고 또 다른 방법을 찾은 후 다시 시도하십시오.

아쉽게도 우리는 고 백(Go back) 하지 않고 무조건 고(Go forward)만 하고 있어요. 심지어 "못 먹어도 고."라고 외치는데 정말 위험한 일입니다.

고 백(Go back) 해서 자신을 냉정히 살펴보고, 방법을 찾으면서 고(Go)해야 고백에 성공합니다.

89. '너도바람꽃'처럼
환경을 탓하지 마십시오

'너도바람꽃'을 아시나요?

눈 속에서 피어난다는 복수초보다 먼저 피는 꽃입니다. 개나리보다 영춘화가 먼저 피듯, 복수초 앞에도 너도바람꽃이 있지요.

꽃을 피우려면 가장 필요한 게 햇볕입니다.

너도바람꽃은 숲속에 있기 때문에 나무들의 잎이 돋고 무성해지면 햇볕을 받을 수가 없지요. 그래서 다른 나무나 풀이 자라 햇볕을 가리기 전에 일찌감치 꽃을 피우고 씨앗을 맺습니다.

자신의 생명을 지키는 지혜지요.

겨울을 겪고 나서
나무가 나이테를 만들 듯이
행복도
시련이란 시기를 통과해야
얻을 수 있습니다.

90. 데면데면 사는 건
제대로 대면하지 않아서입니다

　요즘 성인 자녀들의 무기력 때문에 상담을 요청하는 부모들이 많습니다. 그들의 하소연을 들어보면 자녀들이 데면데면 사는 것에 대한 것입니다. 데면데면하다는 말은 꼼꼼함이나 알뜰한 정성이 모자라다, 사람을 대하는 태도에 살가움이 없고 무덤덤하다는 뜻입니다. 세상을 살아가는 호기(浩氣)란 게 하나도 없는 것이지요. 부모가 외출하면 밥 챙겨 먹는 것도 귀찮아 그냥 굶는다고 합니다.

　왜 그렇게 되었을까요?

　이 현상은 우리나라뿐 아니라 이른바 선진국 대열에 있는 나라들 모두가 겪고 있습니다. 아직 일반화된 용어는 아니지만 '2만 달러의 저주'라고 합니다. 2만 달러의 저주란 GDP 2만 달러 이전에 행복의 조건이었던 학력, 집, 자동차, 직업, 돈과 같은 요소들이 더 이상 행복의 조건이 되지 않을 뿐 아니라 오히려 더 큰 공허감과 정신적 병리를 준다는 데서 온 말입니다. 일명 풍요의 저주, 즉 풍족한 환경에서만 살다 보니 부족이란 개념을 전혀 모르고 부족이란 개념을 모르니 풍족함을 느낄 수 없는 상태가 된 것을 말하지요.

GDP가 2만 달러 이상일 때 태어난 세대는 부모가 이뤄놓은 풍요로움 덕분에 자기가 뭘 하지 않아도 모든 걸 제공 받았습니다. 그러다 보니 스스로 뭔가에 도전하는 짜릿함이나 성취의 기쁨을 느낄 기회를 박탈당한 꼴이 되었지요.

그러니 삶이 늘 '언리얼(unreal)'하지요. '리얼(real)'한 느낌을 갖고 싶거든 무엇을 하든, 누굴 만나든 정식으로 대면(對面)하고, 문제를 만나거든 직면(直面, confrontation)해보세요.

막상 부딪쳐보면 별거 아닙니다.

밥 한번 해본 적이 없더라도 일단 무조건 해 보는 호기가 필요합니다. 우선 쌀을 씻어 전기밥솥에 안치고 물을 붓고 스위치를 누르세요. 죽이 되면 맛있는 죽으로 먹고, 고두밥이면 떡 만들어 먹고, 제대로 된 밥이면 그냥 맛있게 먹으면 되니까요.

91. 비명을 지를 만한 큰 파도도
누군가에겐 쾌재를 부르는 이유입니다

2017년 8월 뉴질랜드 북섬 래글런의 블랙샌드 비치에 간 적 있습니다. 그 나라 계절로는 겨울인데다 강풍이 불고 높은 파도가 쳐서 사람이 별로 없었어요. 그런데 그 바다를 향해 커다란 서핑보드를 메고 가는 일흔 넘은 노인 세 명이 있었습니다. 곧 그들이 능숙하게 파도를 타는 모습을 한참이나 지켜보았답니다.

그 노인들이 블랙샌드 비치를 찾은 이유는 보드 타기에 좋은 파도가 있어서입니다. 그들은 파도가 높을수록 쾌재를 부르겠지요. 보드는커녕 수영도 못하고 물 자체를 무서워하는 사람에게 높은 파도는 비명의 이유겠지만.

그대는 파도를 타며 살렵니까? 파도를 피해 살렵니까?

92. 향하는 눈이 있어야
행하는 사람이 됩니다

미국의 철강 재벌 앤드루 카네기는 직원들을 교육 할 때마다 자신의 목표를 종이에 적어 가지고 다니는지의 여부를 항상 물었다고 합니다.

미국 할리우드 코미디 배우 짐 캐리도 무명 배우일 때부터 지갑 속에 자신의 목표를 적은 종이를 넣고 다녔다지요.

이처럼 성공하는 사람 중에는 목표를 기억하며 그것을 이루기 위해 실천하는 사람들이 많습니다.

자신의 목표를 적은 종이를 휴대한다는 것은 수시로 그 목표를 확인한다는 뜻입니다. 목표를 향하는 눈이 있어야 행하기 때문이지요.

눈을 들어 다시 하늘을 보세요. 산 정상을 바라보세요. 그러면 힘이 생깁니다.

93. 에너미가 에너지를 줍니다

전쟁이든 스포츠든 상대방을 쓰러뜨리기 위해선 약점을 집중 공격해야 합니다. 약점을 파악하기 위해선 상대를 정확히 알아야 하지요. 그렇다면 그대가 적으로부터 공격당하는 그 지점은 그대가 빨리 보완해야 할 약점입니다. 적이 바로 그것을 정확히 짚어주니 얼마나 고마워요?

요즘 기업에선 회의할 때 구성원들이 내는 모든 의견에 딴죽을 거는 사람을 일부러 뽑는다고 합니다. 집단의식의 오류를 막고 혹시라도 생길 위험에 대비하려고요.

그러니 그대를 칭찬하는 사람들의 말보다 반대하는 사람들의 말에 귀를 더 기울여보세요. 그들이 하는 말을 새겨듣고 고쳐나간다면 그들은 에너미(enemy)가 아니라 에너지(energy)를 주는 존재이지요.

94. 그대의 감사(感謝)를
감사(勘査)해 보십시오

공무원들이 싫어하는 것 중 하나가 감사(勘査)일 겁니다. 감사를 받는 동안은 혹시라도 꼬투리 잡힐 일이 있을까 바짝 긴장하지요.

그래도 조직이 조직으로서 잘 운영되려면 감사는 꼭 있어야 합니다. 그 감사(勘査)를 감사(感謝)에 적용해봅시다.

미국 캘리포니아 주립대학교 심리학과 교수인 소냐 류보머스키는 감사의 장점을 이렇게 말하고 있습니다.

"자기의 가치와 자존감을 높인다, 스트레스나 정신적 외상에 대처하게 한다, 사회적 유대와 인간관계가 더 좋아진다, 타인과의 비교가 줄어든다, 쾌락 적응(hedonic adaptation) 현상을 막는다."

"세상 모든 풍파 너를 흔들어
약한 마음 낙심하게 될 때에
내려 주신 주의 복을 세어라.
주의 크신 복을 네가 알리라."

쾌락 적응 현상은 아무리 좋은 것을 가져도 이내 시들해지는 현상을 말합니다. 그런데 감사하게 되면 그 좋은 느낌이 오랫동안 지속된다는 겁니다.

찬송가에도 이런 가사가 있지요.

"세상 모든 풍파 너를 흔들어 약한 마음 낙심하게 될 때에 내려 주신 주의 복을 세어라. 주의 크신 복을 네가 알리라."

세상 살기 힘들 때는 도리어 그동안 받았던 복을 세어보는 것만으로 다시 힘을 얻게 된다는 뜻입니다. 그러니 이미 받은 복에 대해 제대로 감사(感謝)하고 있는지 감사(勘査)해보세요.

안간힘을 써본 사람이라야
성취의 기쁨을 압니다.
아주 짜릿한 성취의 기쁨,
마침내 어떤 지점에 도달해 본
경험이 없다면,
아직 한 번도 안간힘을 써보지
않은 겁니다.

95. 인간다운 삶을 원한다면
안간힘을 써야 합니다

인간다운 삶을 말할 때 가장 많이 떠올리는 심리학 용어는 자존감(self-esteem)일 겁니다. 자존감 형성을 위해선 행복한 가족과 사회적으로 연결된 좋은 사람들이 있어야겠지요.

그런데 자존감만으로는 세상을 살아낼 수 없어요. 자존감을 넘어 자기 효능감(self-efficacy)이 있어야 합니다.

자기 효능감이란 캐나다의 심리학자 앨버트 밴듀라(Albert Bandura)가 제시한 개념인데, 자신감, 자기가 유능하다는 느낌, 어떤 어려운 일이 생기더라도 헤쳐 나갈 수 있다는 용기를 포함한 개념입니다.

자기 효능감은 일정 수준 이상의 능력이 있어야만 생성되는 심리적 특성입니다. 그 수준에 이르려면 안간힘을 써야 해요. 안간힘을 써본 사람이라야 성취의 기쁨을 알고 성취의 기쁨을 자주 느껴야 자기 효능감이 향상됩니다.

아주 짜릿한 성취의 기쁨, 마침내 어떤 지점에 도달해 본 경험이 없다면, 아직 한 번도 안간힘을 써보지 않은 겁니다.

96. 강아지풀은 잡초라 불리든 말든 신경 쓰지 않습니다

운전을 하다 보면 고속 도로 중앙 분리대 옆이나 갓길에 강아지풀이 난 것을 볼 때가 있습니다.

엄연히 강아지풀이란 이름이 있는데 모르는 사람들은 그냥 잡초라고 부르지요.

강아지풀은 잡초라 불리든 말든 신경 쓰지 않아요.

어떻게 해야 열악한 환경을 극복할 수 있을 지에만 집중할 뿐.

흙이라곤 기껏해야 먼지가 날아와 모인 것이 전부인데 거기서도 싹을 틔워내지요.

이후 빗물과 이슬을 먹으며 성장해 마침내 열매를 맺어 다음 세대로 자기존재를 전수하는 것을 보면 정말 숙연해지지요.

함부로 잡초라고 부르는 게 부끄럽지요.

이하석의 시 〈지리산 소나무〉의 첫 부분도 이렇게 시작합니다.

설 자리가 땅이 아니라면

바위틈의 흙에 뿌리를 묻고 물어 서서

가혹한 사랑의 물을 뽑아 올려

하늘로 향기 뿜는다.

97. Need, Seed, Deed

위대한 업적을 이뤄낸 사람들은 조금 특별한 눈을 가졌지요.

대부분의 사람은 불편하고 불합리한 요소를 볼 때 불평만 늘어놓지만 그들은 바로 그 일, 그 장소, 그 사건이 자신이 가야 할 곳이요, 자신이 바로 그 일을 해야 할 적임자라고 받아들입니다. 세상이, 누군가 나를 필요로 하고 있다(need)고 느낀 것이지요.

그러한 필요를 강하게 느낀 사람은 그 일을 수행하기 위한 능력을 키우고(seed), 마침내 업적을 이뤄내지요(deed).

설령 큰 업적을 이뤄내지 못했더라도 충분히 행복했을 겁니다. 필요(need)를 알고 씨(seed)를 뿌리는 과정이 다 행복이었을 테니까요.

98. 희생자라고 억울해 말고
회생자가 되십시오

희생자가 되고 싶은 사람은 없습니다.

대의를 위한 희생이라면야 모르겠지만 능력 부족이나 어리석음으로 희생자가 되었다면 정말 슬픈 일이지요.

그러니 이를 악물고라도 일어서서 회생자가 되십시오.

중국 무협 영화의 스토리는 대부분 비슷합니다.

행복한 어린 시절을 보내던 주인공은 어느 날 졸지에 부모를 잃습니다.

구사일생으로 살아남은 주인공은 아무도 모르는 곳에서 무술 사부를 통해 주야로 무술을 연마해서 실력을 쌓습니다.

사부로부터 하산해도 좋다는 허락을 받으면 원수를 찾아갑니다.

그 때는 희생자에서 회생자로 올라선 것이지요.

99. 콤플렉스는 숨길 게 아니라
숨 길게 쉬고 집중할 자원입니다

분석 심리학자 카를 융의 이론에서는 개인 무의식의 어두운 면을 '그림자(shadow)'라는 용어로 설명합니다. 누구에게도 들키고 싶지 않는 영역이고 복잡하게 얽혀 있다고 해서 콤플렉스(complex)라고도 부르지요.

복잡하게 얽혀 있다는 건 뭔가가 많다는 뜻인데, 그 자체로는 훌륭한 자원이 많다고 보아도 좋습니다. 다만 그것을 활용하려면 복잡한 것을 풀어내는 수고와 풀어낸 것들을 잘 활용하는 지혜가 필요합니다.

그 과정을 거친 콤플렉스는 더 이상 숨기고 싶은 그림자가 아니라 성장을 위한 자원입니다.

융도 콤플렉스를 극복하는 것이 힘들기는 하겠지만 극복해가는 과정이 인간을 행복하게 만들어준다고 하면서 무의식을 보물 창고로 비유했습니다.

있는 줄도 몰랐던 보물 창고의 존재와 위치도 알았으니, 이젠 숨 길게 쉬고 보물을 찾는 일에 집중해야겠지요?

100. 게으른 사람은 '개어른'입니다.

사람은 나이 들수록 무게 중심이 잡혀 있어야 합니다. 나잇값을 해야 하는 거지요.

나이가 든다는 것은 등산과 같아서 오를수록 숨은 가빠지고 힘이 들지만 시야는 더 넓어집니다. 산에 오르지 않는 게으름뱅이는 그 느낌을 모르지요.

사실 냉정하게 보자면 게으른 삶은 짐승만도 못한 삶입니다. 짐승은 일어날 때와 누울 때를 명확하게 구분합니다. 그런데 사람만이 늦게 자고 늦게 일어나지요.

인간으로 태어나 한껏 게으름의 행복을 누릴 시기는 영아기 뿐입니다.

그 시기를 지나면 자기 삶의 주체로 살아야 하지요. 그래서 인간은 죽을 때까지 존재의 이유를 물으면서 의미를 탐색해야 하는 철학적 존재랍니다.

그 일을 하지 않으면 결국 '개어른'이 되고 말지요.

101. 기도(祈禱)는 기도(企圖)입니다

중세 유럽의 어느 나라에 순회 전도자가 있었습니다. 일요일이면 이 마을 저 마을 다니며 설교를 했지요.

그날도 이동 중이었는데 갑자기 쏟아진 소나기로 도로에 작은 수 렁이 생겼고 마차 바퀴가 거기에 빠져버렸습니다.

빨리 가서 설교해야 하는데 마차가 못 가니 얼마나 답답했겠어요? 기도할 수밖에 없었지요.

자기 일이 아니라 하나님의 일을 하러 가는 길이었기에 하나님께 큰소리치며 당당히 요구했습니다. 열심히 기도했더니 하늘에서 즉 각 응답이 오긴 했는데 뒤통수를 후려치면서 말씀하시더랍니다.

"야, 이놈아! 앉아서 기도만 하지 말고 마차를 밀면서 기도해라!"

기도는 단지 바라기만 하는 게 아니라 그대의 수고를 동반하겠다는 의지입니다.

기도(企圖)할 때 기도(祈禱)하고 기도(祈禱)했다면 기도(企圖)해야 해요. 하늘은 스스로 돕는 자를 도우니까요.

102. 포기하는 순간
수고는 기포가 되어 날아갑니다

고수는 아주 어려운 일도 능숙하게 처리합니다. 그런데 능력보다 더 중요한 건 해결될 때까지 붙잡는 끈기입니다. 개인의 능력 차이보다 끝까지 물고 늘어지는 능력이 결국 성공을 이끌어내지요.

카를 마르크스는 14년 동안 대영 박물관 도서관에서 책에 파묻혀 살았다고 합니다. 얼마나 책을 열심히 봤는지 그가 앉던 자리의 시멘트 바닥이 움푹 파였을 정도였다고 해요. 그 독서를 바탕으로 《자본론》을 집필했지요.

X선 발견자는 뢴트겐으로 알려져 있지만 사실 뢴트겐보다 앞서 X선을 연구한 사람이 있었습니다. 독일의 과학자 레나르트입니다.

다만 연구가 거의 성공하기 직전, 그러니까 X선 발견을 눈앞에 두고 그만 포기하는 바람에 레나르트는 X선 발견자가 될 수 없었어요. 결국 죽 쒀서 개 준 꼴이 되고 말았지요.

우리도 지금까지 살면서 죽 쒀서 개 준 일을 얼마나 많이 했을까요? 포기하는 순간 그동안의 모든 수고는 기포가 되어 날아가 버리니까 절대로 포기하지 마세요.

미국의 발명왕 에디슨도 이렇게 말합니다.

"인생에서 실패한 사람 중
다수는 성공이 목전에 있다는
것을 모르고 포기한 이들이다."

103. 땀이 성공을 부르는 이유는 땀(pick)이기 때문입니다

'수주대토(守株待兔)'라는 고사는 중국 송나라의 한 농부 이야기입니다. 밭에서 일을 하고 있던 어느 날 갑자기 토끼 한 마리가 달려와 나무 그루터기에 부딪쳐 죽었지요. 그 후부터 농부는 밭 갈 생각은 하지 않고 그루터기만 바라보면서 토끼가 달려와 죽기를 기다렸다고 하지요. 한마디로 우연히 얻은 행운을 붙들고 산다는 얘기잖아요?

그러나 땀을 흘리지 않는 사람에게 산이 정상을 내어줄 리 없습니다.

성공이란 운이나 우연 또는 횡재가 아니라 내가 직접 따내는 것이거든요.

우리나라가 2018 평창 동계올림픽대회 유치하려고 얼마나 많은 애를 썼는지 모릅니다. 유치권을 따내는데 성공했다고 표현하지요. 메달을 따낸 선수는 얼마나 많은 땀을 흘렸을까요? 옷도 공을 들여 만들 때 한 땀 한 땀 정성스레 바느질을 했다고 하지요.

땀이 되었든 따냄이 되었든, 땀이 있어야만 얻습니다.

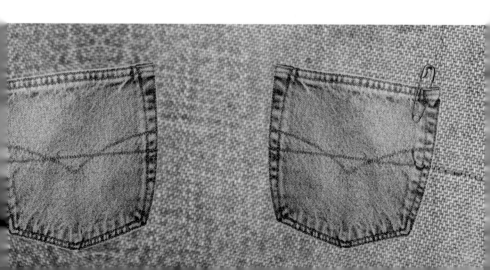

104. 묻지(問) 않으면
묻히게(葬) 됩니다

　두각을 드러내는 사람과 그러지 못하는 사람의 차이는 질문에 있
습니다. 물을 줄 아는 사람은 성장하지만 스스로에게든 주변 사람
에게든 묻지 않는 사람은 재능을 묻어두었다 끝내 썩히고 맙니다.

　묻는다는 말은 자신의 부족을 인정한다는 의미를 담고 있기에 대
부분의 사람은 자신에게 물으러 오는 사람에게 친절하게 가르쳐줍
니다.

　좋은 스승이나 인생 선배를 본보기로 삼아서 그들의 성공 비법을
묻고 또 묻고 따라 하다 보면 그대도 성공할 수 있습니다.

　그러니 그대의 능력 부족을 탓하지 말고 모르는 것이 있으면 주변
사람들에게 물어보세요.

105. 자기 계발을 안 해서 개(犬) 발(足)이 된 겁니다

족구나 축구를 할 때 실력이 턱없이 모자라 결과적으로 상대 팀을 이기게 도와주는 사람을 '개 발'이라고 합니다. 그 사람이 개 발에서 벗어나려면 부단히 계발을 해야 합니다.

그저 무한 반복이면 되겠지 생각하고 열심히만 하면 안 됩니다. 의미 없는 무한 반복이 아니라 잘 못하는 부분을 집중적으로 보완하는 연습을 해야죠.

올림픽 메달리스트들은 늘 자신의 현재 기량을 어떻게 향상시킬까를 고민하면서 연습했다고 합니다. 몸을 움직일 때도 머리를 썼단 말이지요.

'계발(啓發)'이란 말과 '계시(啓示)'라는 말에 쓰인 계(啓)는 빛을 비춘다는 의미가 있습니다. 계시란 신 쪽에서 인간에게 빛을 비춰준다는 뜻, 즉 인간이 알지 못하는 지혜를 신이 가르쳐준다는 뜻입니다.

그래서 자기 계발이란 자기 자신에게 빛을 비춰주면서 좀 더 지혜로운 삶으로 나아간다는 뜻입니다.

가끔 시소를
타 보세요

탈고한 후 바람을 쐴 겸 밖으로 나갔습니다.

놀이터엔 아이 둘을 데리고 나온 아빠가 아이들과 시소를 타고 있었습니다.

한쪽엔 아빠가 탔고 반대쪽엔 두 명의 아이가 탔음에도 시소가 움직이지 않았습니다.

아빠 쪽이 너무 무거웠거든요.

잠시 고민하던 아빠가 한 칸 앞으로 당겨 앉았습니다.

그러자 이내 형평을 맞춘 시소가 오르내리기 시작했습니다.

시소 놀이의 즐거움은 전적으로 아빠의 주도였지요.

낮추기도 하고 높이기도 하고 빠르게도 하고 느리게도 하고 때로 형평을 맞춘 채 꼼짝도 안 하면서 아이들을 감질나게 만들었다가 다시 풀어 주곤 했습니다. 그 때 저는 관계의 행복이란 성숙한 쪽에서 만드는 것이지 미숙한 쪽에서는 만들 수 없다는 것을 거듭 확인했습니다.

요즘 '소확행'이란 유행어가 생겼습니다.

'소소하지만 확실한 행복을 찾아 누린다.'는 의미입니다.

그렇습니다.

행복이란 잡으려 하면 얼마든지 잡을 수 있고, 느끼려 하면 얼마든지 느낄 수 있고, 누리려 하면 얼마든지 누릴 수 있는 '주관적 만족감'이기 때문에 소확행은 지금 당장 가능합니다.

가끔, 시소를 타는 소확행을 누리세요.

단, 혼자 타는 시소는 재미없습니다.

가까운 사람들과 타십시오.

때론 낮추고,

때론 맞추고,

때론 높이면서…….

내 영혼의 멘토와 함께 타는
행복 시소

지은이   이병준
펴낸이   박상란
1판 1쇄   2018년 5월 15일
펴낸곳   피톤치드
교정·교열   도은숙
디자인   주는나무
경영·마케팅   박병기
출판등록   제 387-2013-000029호
등록번호   130-92-85998
주소   경기도 부천시 길주로 262 이안더클래식 133호
전화   070-7362-3488
팩스   0303-3449-0319
이메일   phytonbook@naver.com
ISBN   979-11-86692-18-9(03190)

「이 도서의 국립중앙도서관 출판예정도서목록(CIP)은 서지정보유통지원시스템 홈페이지(http://seoji.
nl.go.kr)와 국가자료공동목록시스템(http://www.nl.go.kr/kolisnet)에서 이용하실 수 있습니다.
(CIP제어번호: CIP2018012058)」

※ 가격은 뒤표지에 있습니다.

※ 잘못된 책은 구입하신 서점에서 바꾸어 드립니다